JN097673

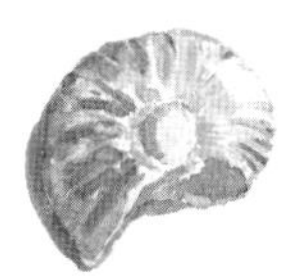
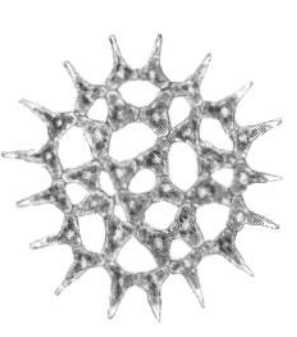

理科は教材研究がすべて

田中千尋
辻　健　著

東洋館出版社

はじめに

昨今の教師の仕事の業務内容は，非常に多岐に渡っています。そもそも教師の仕事は，自身の感情をコントロールしつつ，模範的態度を要求される，いわゆる「感情労働」の典型と言えます。そんな中，日々押し寄せてくる膨大な量の仕事に，精神的にも疲弊しきっている方が多いのではないでしょうか？教師にとって最も重要な仕事であるはずの「教材研究」が後回しになったり，不十分になっていたりするはずです。特に理科の授業では，それは致命的なことでしょう。私もまさしくその状況に陥っていました。

「教師にとっても，子どもたちの学校生活においても，授業こそが命！そのためには再度，教材研究のスタートラインに立ってみよう！」と一念発起したのは約7年前でした。自分自身の学びを振り返り，多くの仲間と共有したいと思い，メールマガジン「日々の理科」の配信も始めました。日々の自然観察，教材研究，実践記録などの記録を，理科の先生，大学の先生，学生さんなどに向けて，元日から大晦日まで欠かさず発信しています（現在読者約500名・約2500号）。その中から反響の大きかった記事を，月刊誌『理科の教育』に「教材研究一直線」として連載し，現在約50回となります。このたび，その連載を書籍化することになり，本書の出版に至りました。

本書は，いわゆる「実践ノウハウ本」ではありません。今後のご自身の教材研究のヒントをつかんでいただきたいと思っています。もちろん，内容をそのまま授業で使っていただくのもよいと思います。その上で，問題点や改善点を見いだしていただき，共に「教師の学び」を共有できればうれしく思います。

出版にあたっては，「2　子どもたちにとっての教材の価値」や各実践の「ここが大事」の枠内をご執筆いただいた筑波大学附属小学校の辻健先生，特別寄稿をご執筆いただいた元早稲田大学大学院教授の露木和男先生，実務で大変なご尽力をいただいた東洋館の上野絵美さんをはじめ，多くの方に大変お世話になりました。ここに，心より御礼申し上げます。

2021年7月　　田中千尋

もくじ

生命

地　球

※本書は，一般社団法人日本理科教育学会編集『理科の教育』にて連載中の「教材研究一直線」に加筆・修正を加えたものです。

特別寄稿

「教材研究」の秘技

元早稲田大学教授　露木和男

田中千尋さんは私の昔からの友人です。私の勤務先だった筑波大学附属小学校と田中さんのお茶の水女子大学附属小学校は，どちらも文京区大塚にあり，よく行き来していました。何度か私の教室にも出前授業で来ていただき，「水筆ペン」による水彩画の指導をお願いしたこともありました。田中さんはあっという間に子どもたちの心をつかみ，絵を描くことの楽しさと喜びを伝えていました。私は田中さんのその指導術にいつも驚嘆していました。

田中さんは私の憧れであり，田中さんにずっと学んできたように思います。

この本は，月刊誌『理科の教育』での連載や田中さんのメールマガジン「日々の理科」で発表してきたものをまとめたものです。

これらの教材研究の事例は，私も読んだ記憶があるものでした。けれども，こうして改めてまとまって読んでいくと，私が田中さんに憧れ，田中さんに学んできたことの理由がわかるような気がしてきました。

それは教材研究の「秘技」とも言えるものです。他の人がなかなか真似できない奥深いわざがここには語られています。田中さんのこの「秘技」を伝授してもらいたくて学び続けてきたように思います。

この本を読んで，「秘技」の一端が見えてきました。

例えば，「06　水蒸気の重さを実感する」には，ビーカーの水の重さがどんどん増えていく様子を，子どもが驚きをもって見ています。小学校の教師で，この「水蒸気の授業」を実践したことのある人ならば，このときの子どもの驚きや喜びに共感できるに違いありません。

ここには，次のような田中さんの教材研究の「秘技」が読み取れます。それは，

①切実な問いをもつ

②子どもから学ぶ

③工夫する

の３つです。

水蒸気は目に見えない気体であり，重さがないと子どもは考えています。田中さんは，水蒸気が水に変わっていく中で，目の前で重さが変わる様子を見る場を用意しています。

「気体は重さがない」，これは大人でさえ考えがちなことです。昔，ラボアジエの時代は「軽さ」があると主張していたくらいです。それをどうにかしたいという教師の「問い」がこの教材を生んだのです。研究所（班）への取材という形をとりながら，田中さんは子どもの目線でこの現象を見ようとしています。そして，子どもを褒め，子どもの心を鼓舞している姿がわかります。

実験の方法も，安全に留意しながら工夫を重ねていき，「ベニアの板で固定し，ビーカーの中の水を沸騰させて直接重さを測っていく」方法を実現します。今まさに水蒸気となって出ていき，重さが減っていく一瞬を捉えようとしているのです。

田中さんの「秘技」は，まだまだあります。それは，

④美的なセンスをもつ

⑤子どもの「センス・オブ・ワンダー」を大切にする

です。

例えば，「09　一滴の水溶液が見せる美」です。田中さんは「私の教材研究のベクトルは，常に『美しさを観察させる』という一方向に向かっている」と書かれているように，子どもの「感性」も理科の目標にしているのです。

アインシュタインが「われわれが経験しえる最も美しいものは神秘です。それはすべての真の芸術と真の科学の源なのです」と言っているように，田中さんの理科は「センス・オブ・ワンダー」（神秘さや不思議さに目を見張る感性）を大切にしています。

顕微鏡下で塩化アンモニウムの結晶が成長していく様子を見ることは，子どもにとってセンス・オブ・ワンダーであり，そこに「美」を感じる感性こそが，芸術や科学の源泉なのです。このような実践ができるのは，田中さん自身が「センス・オブ・ワンダー」を追い求めているからなのでしょう。

『センス・オブ・ワンダー』（上遠恵子訳，レイチェル・カーソン著，新潮社）に次のような有名な一節があります。

> *妖精の力にたよらないで，生まれつきそなわっている子どもの「センス・オブ・ワンダー」をいつも新鮮にたもちつづけるためには，わたしたちが住んでいる世界のよろこび，感激，神秘などを子どもといっしょに再発見し，感動を分かち合ってくれる大人が，すくなくともひとり，そばにいる必要があります。(p.22)*

田中さんは，教室という空間でこの中の「大人」の役割を担っているのだと思います。決して上から目線で「教える」という立場に立っているのではありません。そばに寄り添い，感動を分かち合う「大人」であるからこそ，子どもは安心して追究活動ができます。そして，驚きや感動を仲間や先生と分かち合うことができるのです。

「23　子どもの歯が抜けたら」からも学ぶことが多いです。「乳歯が抜けた！」と子どもが報告しに来る経験は私にもありました。しかしながら，田中さんのようにこれを子どもの学びの機会にし，「宝物」として捉える感性は私にはありませんでした。田中さんは，ていねいに乳歯の名前，場所を教える「グッズ」を開発します。そして，自分の乳歯がかけがえのない成長の証であり，永久歯にかわる記念すべき歯であることを教えます。「グッズ」

と共に，子どもはきっとその歯をいつまでも大切にすることでしょう。

田中さんには子どもが「見えている」のです。子どもの本然の願いを読みとっているからこそ，このような教材が生まれてくるのです。これもまた，田中さんの「センス」なのでしょう。

田中さんの教材研究の「秘技」の最後は，

⑥自然に学ぶこと

です。

田中さんの「教材研究」に，まるで通奏低音のように流れているもの，それは自然への敬意や畏敬です。自然から学ぶ姿勢は，私たち理科教師にとって必須です。田中さんの場合，その学ぶ姿勢がけた外れに大きいのです。

ケヤキの葉が落ちていく様子を撮影することの裏には，ケヤキの葉の落ち方への鋭い観察があります。つららのでき方を鍾乳洞のでき方と比較するという発想には，つららへのていねいな観察が欠かせません。対象をおろそかにしないことで，問いが生まれ，それが教材開発につながっているという例が数多く見られます。

「自然に学ぶ」とは，言い換えれば「よく観察する」ことに他なりません。よく観察することで見えないものが見えてきます。その見えないものを確かめるために，さらに観察したり実験したりするのです。教材研究とは，自然に関わり，自然から謙虚に学ぶことだと言えるのかもしれません。

「教材研究」は，教師にとって本当は楽しいことなのだということがよくわかります。

子どもが喜んでくれるか，子どもが問いを感じてくれるか，感動してくれるか，不思議に思い，驚くことができるか―。

子どもを目の前に想定し，子どもの表情を思い浮かべながら，考えたオリジナルの実験を繰り返す。事前に繰り広げられるこれらの一連の活動を，私たちは「教材研究」と呼んでいるのです。教材研究は，わかりやすく教えるためでも，授業を楽にするためでもないのです。

田中さんの教材研究の「秘技」を分析してみようとしましたが，それでもわからずじまいでした。田中さんという多彩な能力をもつ優れた教師だからこそ生まれた教材なのかもしれません。到底，田中さんに近付くことはできないようです。名優が「余人をもって代えがたい」と言われるように。

私は，2019年に定年退職をしました。小学校教師を37年間，大学教授を11年間経験してきましたが，もし可能であればまた現場に戻って授業をしてみたいと思うのです。子どもが目を輝かせて生き生きと授業に取り組んでくれるような「教材研究」をし，それを実際の授業で確かめてみたいです。この本が，私にそう呼びかけてくれました。そして，「教師の幸せはここにあるんだよ」と、私の耳元で妖精が囁いています。

田中先生，たくさんの楽しい教材研究の事例や大切な考え方を公開してくださったことに，読者を代表してお礼申し上げます。

ありがとうございました。

2021年7月吉日

1 教材研究という営み

1 40年前の教材研究との出会い

「教材研究」ということばに初めて出会ったのは，自身の教育実習のときだろう。私の通っていた大学では，附属小学校で4週間，附属中学校で2週間，さらに公立校で4週間，合計10週間もの教育実習があった。もちろん私は「子どもにものを教える」ということに関して全く未熟で，教材研究に関しても完全に「初心者」だった。それぞれの学校で，数時間の研究授業のために，毎日遅くまで各教科の教材研究に没頭し，何度も何度も指導案を書き直した。自分の担当授業の前日ともなれば緊張で眠れず，授業開始5分前ともなれば心臓はドキドキだった。そしてそこまで頑張っても，授業はボロボロだった。

幸い実習校の指導教官は優秀な方ばかりで，理科に限らず「教材研究こそが，教師の最も大切な仕事」「教材研究なくして，教壇に立つことはできない」という，教師として生きていくために最も重要なことを叩きこまれた。私の「教材研究の営み」はあそこからスタートしたような気がする。

私はその後，大学卒業と同時に現在の小学校の理科教師として赴任した。あれから40年もたつが，私はいまだに「教師という仕事」に慣れていない。授業だけでなく，学級経営も，給食指導も，そのほかの校務にも慣れていないような気がする。毎日毎日「明日の5年のもののとけ方はどうしよう？」「明日の3年のオクラの観察はどんな授業展開にしよう？」と考え続けている。授業5分前になれば，あの教育実習のときのドキドキ感が今でも続いている。今でも「初心者」の気持ちで教材研究を続けているのである。

2 教材研究は教師自身の探究力を高める

理科の授業によって子どもたちに育まれると期待される力の一つに「探究力」がある。探究とは，身の回りの様々なものに興味をもち，その性質・仕組み・変化などを徹底的に知ろうとする営みである。科学の入門期にある子どもたちは，誰もが「探究したい」という気持ち……つまり「探究心」をもっている。3年生の理科の授業では，子どもたちはどんなことにでも興味を示し，どんな学習材を与えても一時間の理科授業が成立する。我々教師も，あの子どもたちと同じような探究心を常にもち続けなければいけないと思う。

青空の高いところに航空機が飛ぶと，飛行機雲ができることがある。私は高崎市の郊外で，すばらしい飛行機雲を目撃した。付近は快晴，仰角10°付近に現れた飛行機雲は，末端は消えていたものの，計算上は常に長さ50km以上の長大なものだった。まさに頭上を通過していたので，安全な場所に車を停めて，望遠レンズで撮影した。その飛行機雲の構造を自分なりに解明したい，という探究心からきた行動だ。実際に後から写真を見て，様々な発見があった。

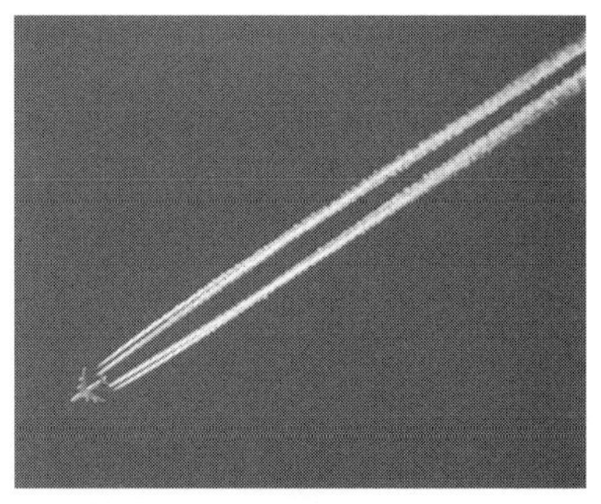

望遠レンズで撮影すると，この航空機は，4発ジェット（四つのエンジンを搭載しているジェット機）と，はっきりわかった。最近の航空機は燃費や運航コストの関係で，2発ジェットが主流だ（一時期は，トライスターのような3発ジェットもあった）。今は，4発ジェットの飛行機雲は非常に珍し

くなった。日本の上空を飛ぶ定期航空路（民間機）で，4発ジェットの機種は，ボーイング747（ジャンボジェット機）と，エアバスA340だけである。4発ジェットの利点は，抜群の安全性である。四つのエンジンのうち，仮に三つが故障して停止しても，残った一つのエンジンだけで安全に飛行が続けられるように設計されている。

ボーイング747は，日本の航空会社の旅客機からはすでに引退していて，貨物機しか残っていない。ルフトハンザなどは，今でも747の旅客機が乗り入れている。この飛行機雲の主は，真下から見た画像の形状やエンジンの位置から推察すると，エアバスA340の機体とわかる。この時刻（正午前）に本州上空を，東から西に飛ぶA340機は限られている。航空時刻表を見ると，スイスエアーのLX161便（チューリッヒ行）に，ほぼ間違いないだろう。そう推理すると，垂直尾翼の赤い印はスイスエアーの赤いロゴに見える。

写真をさらに詳しく分析してみた。すると，エンジンのすぐ後ろは透明で，少し後ろから雲ができ始めていることがわかった。A340は機体長が約60mなので，20〜30mは雲が形成されていない。旅客機を時速900kmとすると，秒速250mなので，飛行機が通過してから約0.1秒後に「飛行機雲」ができ始める計算になる。

これは，エンジンの排気温が300-600℃と高温ですぐには昇華せず，約0.1秒間水蒸気の状態を保つためである。たとえ後部でも，飛行機の座席から飛行機雲が見えにくいのは，この現象が理由である。

固体（水滴）と氷晶（固体）の違い

はあるが，やかんの口から出てくる「湯気」が，注ぎ口近くで見えない現象とよく似ている。

私はこの「探究の成果」つまり「教材研究の結果」を，4年生の授業でぶつけてみた。期待通り，子どもたちは「水の状態変化（相転移）」に興味をもってくれた。どんな観察対象であっても，まずは教師自身が徹底的に探究してみることが大切なのだ。その教材研究の営みは，結果的に教師自身の探究力を高めることにつながっていくのだと思う。

3 価値のないものに価値を見いだすのが教材研究

身の回りにある「もの」は，人の生活や遊興にとって，それぞれ何らかの役割があるはずだ。ところが，ほとんどのものは，理科の教材（学習材）としての価値はないように見える。しかし，日常生活の中で気を付けていると，どんなものでも授業で使えそうに思えてくるようになる。

カタバミ（酢漿草）という植物がある。都会でもごく普通の雑草である。日当たりのよい草地を好むが，ちょっとした植え込みにでもよく見られる。春には，小さな黄色い花をつけるので目立つ。

カタバミの最大の特徴は，その繁殖力の強さである。一度根付くと，簡単には根絶やしできない。その理由は，何通りかの繁殖方法をもっていることにあるようだ。このことが，カタバミの教材としての価値を高めていると言える。畑や園芸をやっている方なら，カタバミの頑固さにうんざりしているはずである。ひいても刈っても，次々生えてきて，根絶が難しい。文字通り「根強い」のだ。

カタバミの生命力の強さ，子孫を残す力の大きさの秘密はいくつかあげられるが，その一つは種子にある。カタバミはとにかく膨大な量の種子を，非常に短期間に生産する。花が咲いて数日で，もう果実がふくらみ始める。

あっという間に熟して，オクラの実を小さくしたような果実をたくさんつける。花と実は常に同時に見られ，次から次へと繰り返されている。

果実（実）の中には，種子がぎっしり詰まっている。マメ科の植物の場合は，通常種子は1列だが，カタバミの場合は3次元的に種子が詰まっていて，非常に生産効率がよい。分解して数えてみたら，一つの果実に50個以上の種子が入っていたものもあった。

種子の飛ばし方も優れている。子どもたちとカタバミの群落を観察していたら，「先生，虫が顔に当たる！」と多くの子どもが訴えた。虫ではなく，子どもが熟した果実に触ったときに鞘が弾けて，中の種子が勢いよく飛び出したのだ。私の顔にも当たったので，1メートル以上も引力に逆らって飛んだことになる。

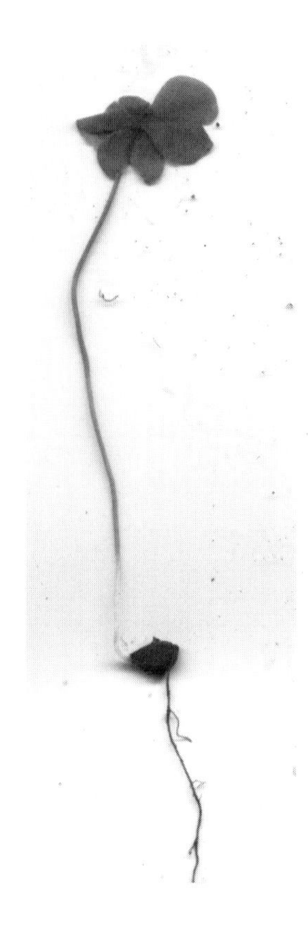

二つめは太い根である。カタバミの根を掘ってみると，束になった茎が合するところに，朝鮮人参のような太い根がある。ここに養分を蓄え，春になると，いち早く芽を出すのだ。春に他の植物よりも先に芽を出すことは，それだけ地面を素早く占有して，光合成をたくさん行えるということを意味する。これは種子のみから芽を出す植物よりも，ずっと有利である。

三つめはちょっと驚きである。実はカタバミは，球根もつくる雑草なのだ。そのことを知って，カタバミの球根を探そうと，子どもたちと根を掘ってみた。

大きな株の根元には球根は見当たらなかったが，周囲の土をほぐしてゆくと，小さな球根らしきものが出てきた。よく観察すると，確かに球根から「根」とカタバミの葉が出ている。間違いなく「カタバミの球根」の発見だ。種子だけではなく，根にも球根にも養分を蓄え，芽を出す。この多様な繁殖方法が，カタバミの驚異的な繁殖力を支えているのだとわかり，同時に優れた教材性をもつ野草であると実感できた。何でもない「厄介な雑草」に教材としての価値を見いだした一瞬である。

税務署の職員が出張中の電車内で，後輩職員にこう言ったという。「おい，ボーっと外を眺めてないで，何か税金をかけられるものがないか探し出せ！」実話かどうかは定かでないが，このエピソードは，教師の教材研究にも通じる一つの学びを提供してくれる。「おい，ボーっと生活していないで，何か教材として価値のあるものを探し出せ！」ということだ。

4 教材研究こそが，教師にとって最も重要な仕事

我々は，何のために教師になったのだろう？一番の目的は，授業をすることである。授業こそが，教師の仕事の中核であり，学校という学びの場の一番大切な時間である。子どもと教師の関係性，子ども同士の関係性，子どもの学びも，授業というパブリックな場で形成され，構築されていくものだ。

しかし，今日の教師の仕事（業務内容）は，実に多岐にわたっている。学級の環境整備，学級指導，週案の作成，保護者会，面談，試験の採点，行事の企画運営，それに書類，書類，書類……会議，会議，会議……これが普通だろう。授業の準備が一番大切と頭ではわかっていても，そのことに使える物理的な時間がとれない，気持ちの余裕がない，というのが大多数の教師が抱えている悩みに違いない。

教師は「授業のプロ」でなければいけない。しかし，忙しさに紛れて何も準備ができず，「授業の時間になったから，何かしなければ」という状況に陥ることはしばしばある。そんな場合，教師の発話や授業の進め方に，自信のなさが表れてしまうため，子どもたちは「あ，今日の先生は何も準備してないな」と鋭く見抜くものだ。そんな場で，よい学びは生まれるわけがない。一方，しっかりと教材研究をした後，「よし，今日の準備は完璧。早く

子どもたちの学ぶ姿を見たい！」という教師は，見た目も発話も自信に満ちていて，その姿を見ただけで子どもたちは「おっ，何か面白いことが起きそうだ！」とワクワクする。こんな経験は，少し教師の仕事をした者ならだれでも感じたことがあるだろう。どうしてもしなくてはいけない期限付きの校務，会議，書類等は仕方ない。やらなければ学校運営に支障が出るからだ。その次に優先順位が高い仕事は，「教材研究」と言って間違いない。

理科を教えるチャンスがある方は，本書の内容をそのまま真似てもよいと思う。他者の実践を真似ることは，意外にも難しいものだ。真似ること自体が教材研究になる。もちろん一部の分野だけでもよいと思う。実践できなくても，ただ読むだけでもよい。読むことで理科の授業のことを考えているのだから，それも立派な教材研究だ。読んで，真似して，そのうち自分独自の教材，授業の進め方を思いつけば，それはもうすばらしい教材研究と言える。本書に触れた先生方，将来教職につく学生の方々の中から「真の教材研究家」が登場することを願っている。

2 子どもたちにとっての教材の価値

1 コンデンサーを選ぶとき

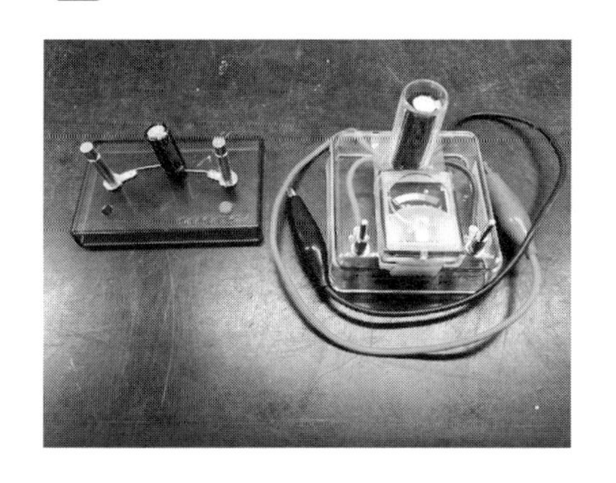

左の写真に，2種類のコンデンサーがある。コンデンサーは，6年「電気の利用」で，電気を蓄える器具として使われる。違いは一目瞭然。左側は，シンプルな構造で，円柱状のワニ口クリップをつなぐ金属の間に挟まれるように，コンデンサーが取り付けられている。一方，右側のコンデンサーは，メーターがついており，目安ではあるが，コンデンサーの中にある電気がどのくらいあるかを示すことができる。果たして，どちらの器具を実験に取り入れるべきだろうか。

ここで，教材としての価値を考える必要がある。右側の器具は，コンデンサーに蓄えられている電気の量を示すことができる。そのため，豆電球とLED電球との比較を行う際に，どのくらいの電気が使われるのかを調べることが容易である。手回し発電機で電気を蓄えて点灯時間を比較する際にも，メーターである一定の量を揃えて点灯させることができるため，条件制御を行う際に苦労することも少ない。

このような便利さから，右側のコンデンサーを実験器具として取り入れることが多いように思われるが，果たしてそれでよいだろうか。ここでは，左側のコンデンサーの価値について考えてみたい。何もついていないシンプルな構造のコンデンサーでは，子どもたちに様々な困り感が出てくることが予想される。

・どのくらい電気が蓄えられたのかがわからない。
・どのようにしたら条件を整えられるだろうか。
・手回し発電機で蓄えるが，発電機から手を離した瞬間，発電機のハンドルが回り始めてしまう。

3つ目に挙げたものは，蓄えた電気が使われて，発電機のモーターを回してしまうというものである。このような困り感を，子どもたちが試行錯誤しながら考え，実験を計画したり，予想を振り返ったりする機会と捉えるならば，左側のコンデンサーにも高い価値がある。

2 「わかりやすさ」と「学びやすさ」

前項でふれた2種類のコンデンサーは，実験器具として用いる場合，違った価値をもつ。右側のものは「わかりやすさ」である。

「豆電球とLED電球では電気の使われ方はどのように違うのだろうか」という問題を解決しようとする場合，メーターを使うことで条件制御が容易になるだけではなく，電球が点灯している際のメーターの針の動きで，電気の使われ方の違いを目の当たりにすることができる。

それに対し，左側のものは「学びやすさ」という価値をもつだろう。このコンデンサーを使う際，条件制御をどのように行うか。子どもたちからは，手回し発電機を回す回数で揃えようとか，回す速さも同じようにした方がよいとか，回す人も同じにした方がよいなど，様々なアイデアが出てくる。これこそ，条件制御の考え方を働かせる機会ではないだろうか。さらに，点灯時間の違いが明らかになった際，電気が回路をどのように流れたのかをイメージする子どもも出てくる。導線を水道管のようにイメージすると，一気に電流が流れる豆電球に対し，少しずつ電流が流れるLED電球となるだろう。そこで，子どもたちから検流計を回路に入れてもう一度実験をしてみたいという言葉が出てくれば，より必然性の高い主体的な学びが行われることになる。

3　教材にどのような価値をもたせるか

令和２年度６月に行われた６年生の授業を通して，教材に直接触れること，その教材から子どもたちが考えを深めることの価値について再考したい。

(1)　子どもたちの興味・関心を引き出す

６年生になり，教室で行う最初の実験であった。この時期，感染症対策のために理科室は使えず，分散登校した半数の子どもたち一人一人に実験器具が手渡された。

燃えたろうそくを入れた集気びんに蓋をするとどうなるか問うたところ，オンライン学習ですでに課題を行っている子どもたちは，異口同音に「消える」と答えた。そこで「すぐに？」と問い返してみた。すると，子どもたちは自信をもって「すぐに！」と答えた。そこで，実験を行って確かめることとなった。実際に蓋をしてみると，集気びんの中のろうそくの火はしばらく燃えている。「こんなに燃えるのか…」「温かいし明るい」子どもたちから驚きの声が上がった。

子どもたちが目の前の火に釘付けになっているとき，教材は燃焼についての興味・関心を引き出す役割を果たしていた。「蓋をした集気びんの中でろうそくの火がどのくらい燃えるか」という問いを子どもたちがもつようにするため，教師は導入で問い返しを行ったのである。時間と炎の様子という視点を子どもがもつことができれば，教材は十分にその役割を果たすと考えたからである。

(2)　子どもたちが実験の妥当性を見直す

「人の体のつくりと働き」の授業でのことであった。「人の呼気にはどのような変化があるか？」という問題を解決しようと子どもたちは予想を立てた。その予想のほとんどが「酸素や二酸化炭素に変化が起きていると思う」であった。

そこで教師は，実験に用いる薬品として石灰水を提案した。すると子どもたちからは石灰水で確かめることができるはずだという声が上がり，では「石灰水で確かめられることは何か」という議論が始まった。最初に出てきたのは，「吸う空気と比較して実験する必要がある」という意見であった。石灰水が二酸化炭素に反応することは既に確認している。比較することによって，石灰水の変化を見取る必要があることに気付いたのである。

もし，呼気で石灰水が反応しても，吸気との比較がないと何も導き出せないということに気付いたのは，比較や条件制御といった「理科の考え方」を働かせているからである。変化について確かめようとするとき，比較が欠かせないことや，石灰水が空気中の二酸化炭素の割合ではほとんど反応しないことを確認する重要性を子どもが自ら捉えることが肝要である。

子どもたちは石灰水が白く濁る変化に驚いた。先述の燃焼実験と同様に，直接体験は重要である。すぐに「二酸化炭素が増えた」と発言した。そして，吸気では白く濁らなかったが，呼気では石灰水が白く濁ったという結果をノートに記述した。さらに考察では，吸気よりも呼気には二酸化炭素が多く含まれていると書いた。しかしこれ以上は書けないと言う。その理由を問うと，問題が「人の呼気にはどのような変化があるか？」であったので，二酸化炭素が吸気と比べて増えたとは書けるが，他の気体にどのような変化があるのか，二酸化炭素の割合も含め，これ以上は気体検知管などを使った実験が必要になるという意見が出た。

「石灰水を使った意味はなかったのかな？」

子どもたちからは，このような発言もあった。気体検知管を使えば，石灰水で示された結論も導き出せるからである。教師が石灰水を提案したのは，この議論をすることで，より妥当な考えをつくり出すために結果を吟味する機会を提供するという価値を教材にもたせたかったからである。石灰水の白濁が，調べようとしたことのどの部分を示すのか，問題を解決するために不足しているのは何かを考えることができるだろうという指導のねらいがあった。この後，子どもたちは気体検知管の必要性を訴えた。数値を明らかにすることで，二酸化炭素，酸素の割合から，その他の気体についても言及することができるようになると考えたからだと推察できる。

(3) 教材がつくる「すき間」

気体の変化を調べる際に用いる教材として，気体検知管やデジタル気体チェッカーと比較すると，石灰水が示す情報はあまりに少ない。ボタン一つで袋に閉じ込めた気体の酸素と二酸化炭素の割合を数値で示すことのできる機器は，気体の変化を瞬時に示す「わかりやすさ」を子どもたちに提供する。しかし，ここで主張したいことは，石灰水がつくる「すき間」を授業に生かすということである。自分たちの知りたいことと，石灰水が示すこととの間にできる「すき間」に焦点を絞り，実験の目的を見直す。自分たちの目的がこの実験でどこまで達成されているのか，足りていないとすれば，何を調べればよいのか，自分たちで集団をモニタリングし，コントロールする。教材がつくる「すき間」により，子どもたちは深く考え，集団で自己調整を行う。石灰水は，子どもたちが主体的に取り組み，深い学びにつなげるという「学びやすさ」を提供している。

子どもたちの必要感が高まった状態で，デジタル気体チェッカーなどの器具を自ら選択することは，最初からそれを与えることとは大きく異なる。その器具を使う意味や目的を意識した主体的な実験となるからである。

もちろん，自分たちで実験の目的に合わせて実験器具を選択し，試行錯誤を繰り返しながら，結果を導き出す過程にもたくさんの「すき間」が生じ，より深い学びが実現できることは言うまでもない。

4 教材がつくる「すき間」を生かすために

理科は，目の前の自然事象を教材とし，子どもたちが直接体験を通して学ぶ教科である。そのため，コロナ禍では授業づくりに苦慮した教科の一つである。だからこそ，教材に触れる価値，直接体験することの価値を改めて問い直すことができた。

やはり，理科を学ぶ子どもたちにとって，直接体験は必要不可欠である。特に，単元導入の場面においては，実際に目の前の自然事象から得られる多様な情報が，子どもたちの興味・関心を引き出す。動画などの映像資料では，その代わりになるのは難しいということがわかった。自然事象との出合いの瞬間をどのようにつくるか。教材の生かしどころである。

また，教材の「わかりやすさ」ではなく「学びやすさ」の価値に目を向けることを提案した。これは，教材づくりや教材開発において，より見えやすく，より感じやすく，よりわかりやすくという意識を働かせすぎていた，これまでの自身への反省からきている。

教材に，学びの過程での壁となったり，あえて情報が不足していたりするという役割をもたせる。そうすることで，発見したことやわかったことと，知りたいこととの間に「すき間」が生まれるのである。この「すき間」をつないで目的を達成しようとするとき，子どもたちは理科の見方・考え方を働かせようとする。その際，教師は「どうしてそれをやろうと思ったの？」と問い返したり，「よく比べながら考察したね」と称賛したりすることを忘れてはならない。

教材研究から広がる理科の世界

01 輪ゴムで遊ぼう

輪ゴム

1 身近な輪ゴムの教材性

第3学年「ゴムや風で動くおもちゃ」は実に面白い。身近な輪ゴムを使うところが特にいい。ゴムが伸びる性質，そして元の長さ（大きさ）に戻ろうとする性質を，遊びながら理解することが目標の一つだ。例えば下の写真は「輪ゴムのハルキゲニア」。短く切ったストロー3本と輪ゴム1本で簡単に作れる。動きがゆっくりで，古代生物のようであるため，この名が付いた。

私は，普通の大きさ・太さの輪ゴムを子どもに渡すことにしている。するとすぐに指で回したり，伸ばしたりして，その弾力の感触を楽しみだす。この「弾力を楽しむ」という経験が，実はとても大切なのだ。写真は輪ゴムを「手錠」にして遊ぶ子どもである。

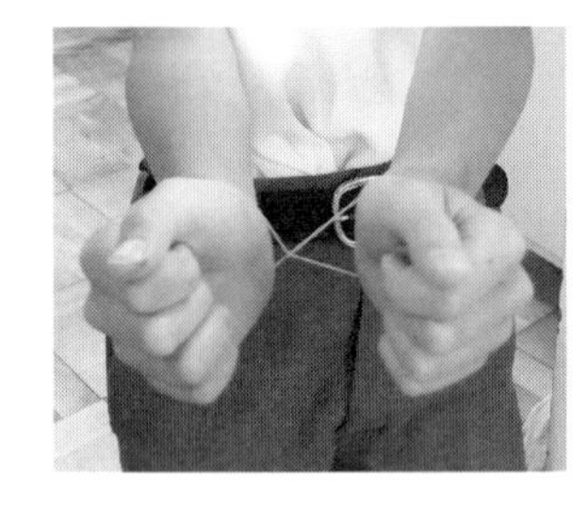

2 輪ゴムをくぐり抜けられるかな？

その内，腕を通したり，はち巻きみたいに頭にかぶせる子どもも出てくる。頭から首までかぶせても輪ゴムは切れない。一人の子どもが言い出した。

「これ，体全部くぐれるかなぁ？」

「えーー，くぐれっこないよ！」

「小さすぎてムリー。切れちゃう，きっと」

「でも，くぐれるかも！」

そこで一旦，活動をやめさせて予想をさせてみた。

くぐり抜けられると思う……8人 途中でつっかえる……15人 輪ゴムが切れる……11人

クラスの4分の3の子どもが「通り抜けられない」と予想していた。「通り抜けられない」という考えの子どもに，その理由も聞いてみた。

「輪ゴムの端っこを両手で持って，思いっ切り引っ張ったら，途中で硬くなって，それ以上伸びなくなるでしょ？　それでも無理に引っ張ると，切れる。だから，人がくぐるのは絶対に無理」

この子どもは，「弾性の限界」という性質を，自分の経験から語っている。3年生と言えば，「科学の入門期」であるが，このように根拠をもった予想を語らせることは大切だと思う。

「で，先生はどう思いますか？」

「無理だろうね。こんなに小さい輪ゴムだよ」

その時点では，私も本当に無理だろうと思っていた。さて，面白いことになってきた。さっそく「輪ゴムくぐり抜け人実験」をスタートした。

3 小さな輪ゴムに全身をくぐらせる

輪ゴムの直径はわずか4cm。さて，3年生の子どもたちは，この小さな輪ゴムの「通り抜け」に成功するだろうか？

上履きや靴下は特に指示をしなかったが，ほとんどの子どもは自分で脱いで挑戦していた。両足は意外と簡単に通り抜けられた。しかし，腰から上は

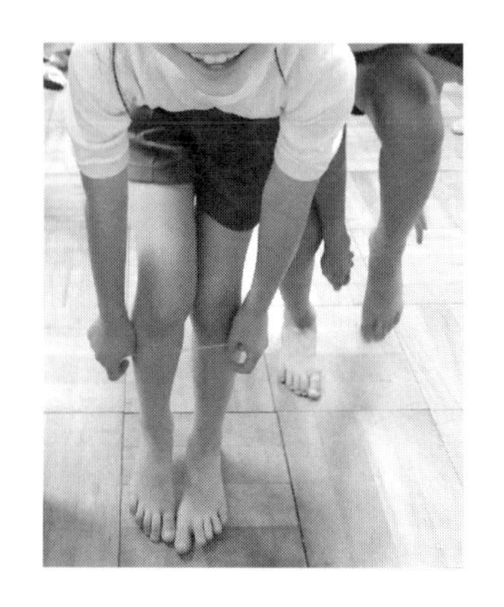

さすがに輪ゴムの弾力と引っ張り強度では限界があるようで，切れてしまう子どもが続出した。

それでも何度も試す内に，慎重に通していけば，切れずに肩まで上げられることがわかった。最後の突破口は顔と頭。これが意外と難しい。特に女児は髪の毛が邪魔してしまう。しかし，これも慎重に輪ゴムを上げてゆくと，通り抜けられることがわかった。

がんばること数分，ついに「輪ゴム抜け」に成功した子どもが現れ，歓声が上がった。その後も，成功した子どもが，うまくいかない子どもを助ける姿が見られ，最終的にほとんどの子どもがくぐり抜けに成功した。

「やったー！　切れないで通り抜けられたよ！」

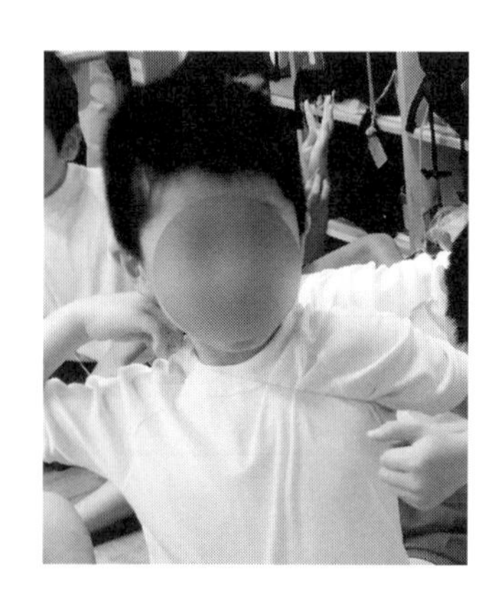
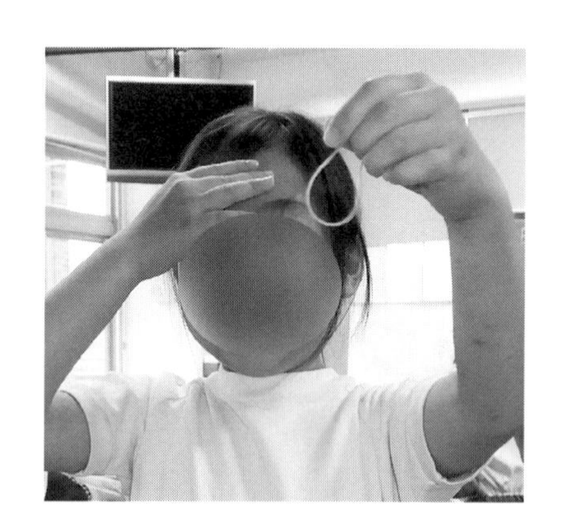

子どものノートから

・あんなちっちゃいワゴムなんて，ぜったいにくぐれないと思ったけど，やってみたらくぐれて，ちっと（ちょっと）うれしくて，びっくりしました。

・ぼくは，2かいちょう戦して，わゴムが切れました。3かい目でうまくぬけれました（抜けられました）。こんなにのびるなんて，わゴムはすごい！

・足とこしまではかんたんでした。うでとかかみの毛が，けっこう大変でした。1回目は切れちゃったけど，2回目でうまくくぐれて，うれしかったです。家でもやってみます。

・くぐったあとのわごむは，ちょっとボロボロだったけど，大きさはもとのと同じぽかった。

教師自身の振り返り

これは身近でどこにでもある「輪ゴム」を使った面白い実験だった。使った輪ゴムは，100円ショップで買ったので，教材費は104人分で108円，特に危険なこともない。安価な教材だが，ゴムのもつ弾力，元の大きさに戻ろうとすること，弾性の限界などの性質を，体全体で感じることができる。単元の導入として，ゴムの性質に興味をもたせるにはよい活動だと思う。

ここが大事

多くの授業でゴムで動く車を扱うが，子どもたちが引っ張っているのは車体であり，ゴムではない。しかも，手応えを感じる前に手を離してしまう。実験結果を整理し考察する際は，表などを使ってゴムを引いた長さと車が進んだ距離との関係について考えるが，その時点では手応えについて表現する機会がないこともある。輪ゴムで遊ぶ活動では，否が応でもゴムの伸び，弾性，その限界を感じる。この経験こそが，車などを使った実験の前に必要であろう。

初出：「教材研究一直線（第10回）」『理科の教育』2018年6月号

02 地磁気地球儀を作ろう

磁石

1 磁石と方位磁針の実験の失敗

「地球は大きな磁石」ということを実感させたいと思い，棒磁石やU字磁石を地球に見立て，その周囲に方位磁針を置いて，磁針の向きを見る実験をさせた。

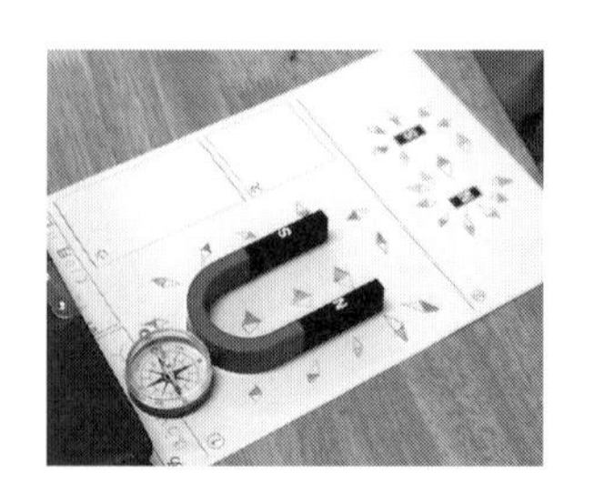

U字型磁石は，「寝かせた状態」と，「立てた状態」の2つを実験させた。実際の地球に近いのは，「立てた状態」の方である。N極（南極側）とS極（北極側）が独立していて，地球が作りだす磁場に近い。しかし，ある子どもたちのノート（振り返り）の記述を読むと，混乱ぶりがよく伝わってくる。

「この磁石が，地球ですって言われても，ぜんぜん地球っぽくなくて，地球の上で，何で方位がわかるのか（ということが）ぜんぜんわかりませんでした。地球議（地球儀）の中とかに，ぼう磁石を入れれたら（入れられたら），けっこうリアルな地球になるかもなーと思いました。」

この子どもの記述で，私は平面で（二次元的に）考えていたのが間違いだと気づいた。地球儀のような球体に，棒磁石を入れてしまえばよいのだ。天球概念の実験で使う「透明半球」が使えそうだ。

2 透明半球と棒磁石で「地球を作る」

透明半球を利用した，「地磁気地球儀づくり」で，子どもたちが一番苦労していたのは，向かい合わせた2つの透明半球の中央に，棒磁石をいかに

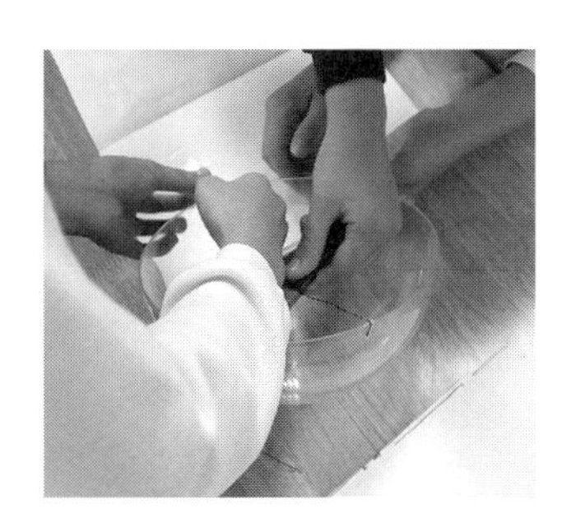

うまく「浮かせるか」という点である。最初は，どの研究所（班）も，細い針金（エナメル線）を使って試していた。

苦闘の末に，「地磁気地球儀」が出来上がった。残念ながらどの班も，針金がたわんでしまい，棒磁石が地軸の中心からはずれてしまっている。しかし，子どもたちはそんなことはお構いなし。全員で整列して「先生，めでたく磁石の地球ができました」と声をそろえて報告しに来た。

3 進化し続ける「地磁気地球儀」

透明半球を使った「地磁気地球儀」は，子どもたちの手にかかって，どんどん進化していった。球の中心に棒磁石を浮かせて静止させる方法も，様々なものが試された。その中でも，セロハンテープを使った方法が一番簡単で，丈夫なことがわかった。断面円の中心に，棒磁石の中心がくるようにすること，テープがたるまないようにピンと張ることが大切である。

棒磁石を設置したら，もう一つの透明半球をかぶせて，接合面にテープを巻く。赤道を示す赤いテープも巻くとよい。うまく作ると，本当に地球の地軸に棒磁石が浮いているように見える。北極（S 極＝緑）と南極（N 極＝赤）に見立てることが大切だ。周囲を筆箱で囲んで，転がらないように工夫している。

「日本はどの辺ですか？」「アメリカはどの辺ですか？」という質問が多かったので，社会科準備室から地球儀を９個借りてきて，各班に貸し出した。子どもたちは，テープに地名を書いて貼っていた。「え～と，北極がここだから，日本はこのへんかなぁ？」「文京区はもうちょっと下だよ，確か」なんて言いながら，実に楽しそうだった。

4 地球のあらゆる場所で方位を調べてみる

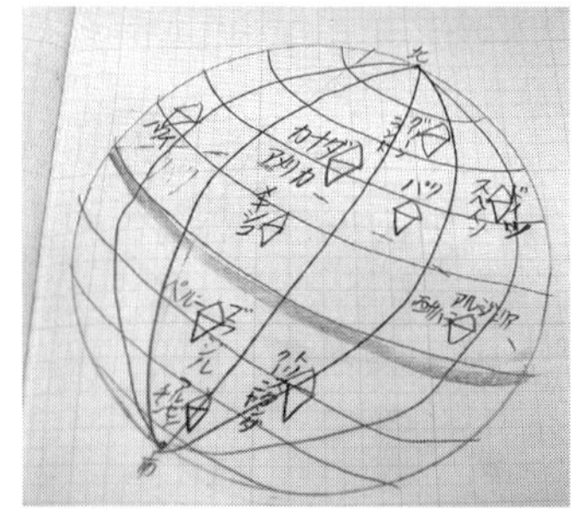

私は，一人一個持っている簡易方位磁針を，あちこちあてがって，磁針の振れを見ればいいかな…と思っていた。しかし，子どもたちは，全部の地名のそれぞれに方位磁針を「貼り付けたい」という。仕方なく，理科室の方位磁針を総動員して，貸し出すことにした。そうして完成したものが上の写真だ。

記録の一例を見ると，地球儀を参考に地球を立体的に描いて記録しているとわかる。しかも地軸をちゃんと傾斜させて描いてある。地名の位置もほぼ合っているし，南大西洋の「トリスタン・ダ・クーニャ」（最も陸地から遠い孤島）を忘れていないところも素晴らしい。

子どものノートから（＊筆者註）

・方位というのは，目には見えないし，重さ？　もないし，何かがひっぱってるわけでもないのに，方位じしんは世界中どこでも北をさします。そのしくみが，じ石地球ぎを作って，みんなで実験して，はっきりスッキリしました。

・わたしのはんの，Ｋくんが，すごいことに気がつきました。北きょくの近くのスバルバイル島（＊スバーバル諸島）に方位じしんをおいたら，はりは北をさしたんだけど，それだけじゃなくて，はりが斜めになって，北きょくに近いほうがさがっていたのです！　南きょくの近くでもためしたら，こんどは，南がわにさがっていました。方位じしんのはりは，じつは上下にも動く？？　これは大発見ですか？？？

教師自身の振り返り

子どもたちにとっても，私自身にとっても，初めての挑戦である。こうした活動の中には，常に「小さな知の渦」が生まれ，それが「新しい知との出会い」につながってゆくように思う。子どもたちの活動を観察していた私自身もそう感じた。

教材研究というのは，教師自身の探究心から生まれる営みである。この「地磁気地球儀」の試みは，子ども自身のアイデアから生まれ，教師が学習材を用意した結果，うまくいった例だろう。教師の探究心というのは，実は子どもたちの探究心からヒントを得ることが多い。「子どもと共に学ぶ」ということの大切さを再認識した実践だった。

ここが大事

方位磁針を使って方位を調べる。太陽の動きを調べる３年生から月の観察をする６年生まで行う活動であるが，地球という磁石と手の中にある方位磁針の針という磁石が反応し合っていることを意識することは少ない。本活動では，道具を作ることを通して，そのメカニズムを解き明かすだけではなく，実演して説明しようとしている。すなわち，不思議だと思っていたことがわかるという問題解決の流れの中で，子どもたちは，ものづくりを通してわかったことをさらに表現しようとしている。

初出：「教材研究一直線（第 27 回）」『理科の教育』2019 年 12 月号

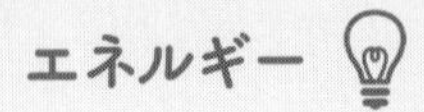

エネルギー　3年「電気の通り道」

03 豆電球が光る一瞬を顕微鏡で観察する

乾電池と豆電球

1 まずは豆電球をよく観察させる

豆電球のどの部分が光っているのか？　実はこれは，豆電球を点灯させてからでは観察できない。フィラメントが明るすぎて，よく分からなくなってしまうからだ。私はこの単元の初めに，まず豆電球だけを配って豆電球自体をよく観察させるようにしている。普段の生活の中で，「電球」というものにあまり触れたことがない子どもたちは，単に電球を観察するというだけでも夢中になって取り組む。そして，直径1cmあまりの小さなガラス球の中の世界に，様々なことを発見して，感嘆の声を上げる。

観察結果を絵と文で黒板に書いたもの

子どもが黒板やノートに書いた記述から（＊筆者註）

- 電きゅうの中に，ばねみたいなものがある。
- でんきゅうの中に，フィラメントがあった。これが光ると思う。
- 電きゅうの中は，いがいとふくざつでした。ばねみたいなところが，きっと光るんだと思います。
- ヒラメント（＊フィラメント）を，りょうがわからはり金がささえている。

このはり金が電気を送るのだと思う。

2 豆電球の簡易調光装置の自作

乾電池に接続した豆電球のフィラメントは明るすぎて直接眼で観察するのが難しい。私は下図のような，ごく簡単な回路の調光装置を自作して，豆電球が「暗く」点灯するように工夫した。

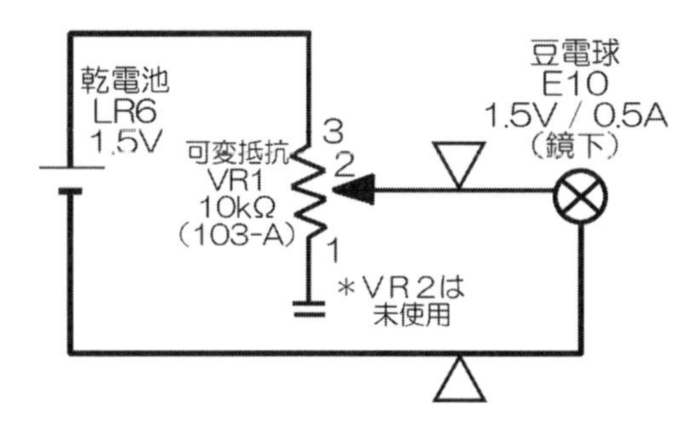

- 通常 VR1 は 10 Ω～50 Ωを使用するが，鏡下での観察の安全性を考慮し 10k Ω・103-A を選択。
- 最小抵抗にしても，0.65V 程度の電圧を保ち，フィラメントが鏡下での観察の安全輝度を保つ。
- 抵抗値曲線は視覚的に輝度変化を実感しやすい A カーブ（対数曲線）を選択した。

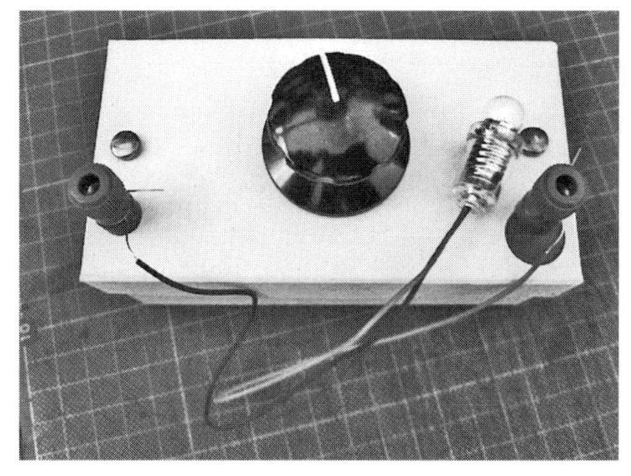

「豆電球調光装置」の回路図は複雑に見えるが，実物は写真のようなシンプルなものである。卒業式のときの「祝い菓子」の空き箱に乾電池と可変抵抗を組み込んだだけのものである。私ははんだ付けが苦手なのだが，それでも 2 時間程度の作業で 10 個が完成した。

3 豆電球が光り始める一瞬

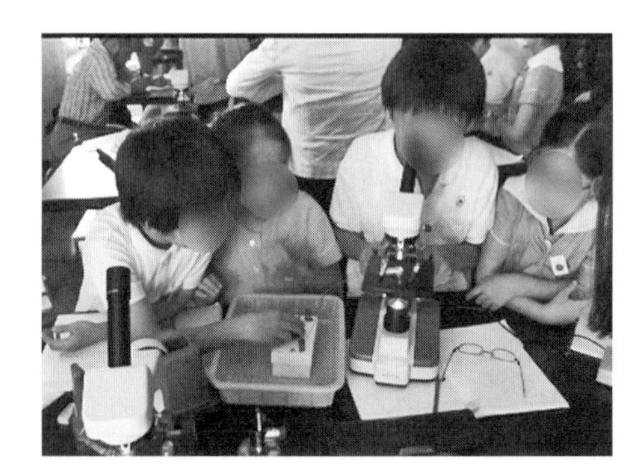

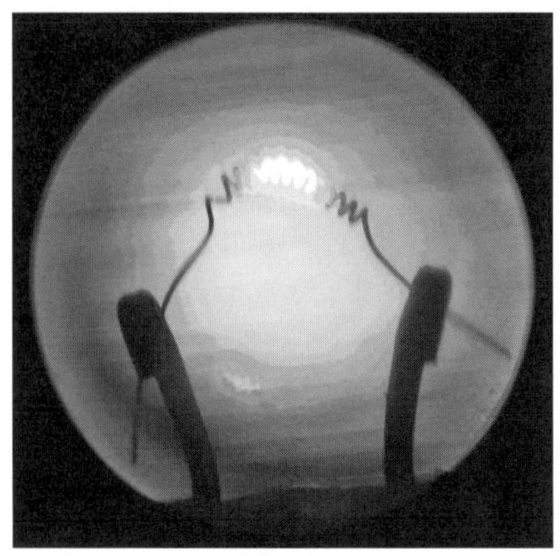

フィラメントが光り始めた一瞬

児童がする観察の基本は目視（肉眼による観察）である。しかし，この豆電球のフィラメントが光り出す一瞬は，顕微鏡で観察してこそ真価が発揮されるように思う。

球体である豆電球，しかもフィラメントにピントを合わせて，顕微鏡で観察することは，子どもにとって容易なことではない。協力しなければできないし，協力せざるを得ない。子どもたちが最も苦労していたのは，豆電球をステージに安定させること，フィラメントに確実にピントを合わせることである。部屋も暗くしたほうが効果的なので，ますます作業がしにくい。しかし，何度も失敗しながらも繰り返し試すうちに，必ず点灯の一瞬を捉えることに成功する。顕微鏡の倍率は40倍（対物4倍，接眼10倍）で十分だ。

子どものノートから（＊筆者註）

・まめ電きゅうをけんびきょうでかんさつするのは，おもしろかった。まめ電きゅうは丸いので，ピント合わせがむずかしかったけど，なれるとバッチリでした。

・先生が作ってくれたそうちはスゴイです。電気（＊電圧）を高くすると，まずフィラメントのまん中らへんが赤くなって，それが左右に広がっていきました。きれいでした。
・フィラメントは真ん中から光りはじめました。電池の＋と－から来る電気が，真ん中でぶつかるからだと思いました。

教師自身の振り返り

自作の簡単な調光装置だけで，フィラメントが光る一瞬を，目視，虫めがね，顕微鏡のいずれでも観察可能になり，観察の意味が大きく広がる。特に顕微鏡で観察した場合，可変抵抗の抵抗値をゆっくり下げてゆくと，最初にフィラメントの中央部分がほのかに赤くなり，それが左右に広がっていく様子がわかる。バネのような形状のフィラメント自体の発光が，豆電球全体を光らせているのだと，多くの子どもたちは実感できたように思う。

ここが大事

平成29年告示の学習指導要領で，第3学年の電気の学習は「電気の通り道」という単元名になった。電気の通り道が輪のようにつながると，回路になって電気が流れる。豆電球もその通り道である。そのことを意識するためにも，電球の中にある細い導線であるフィラメントに電気が流れる様子を目の当たりにすることは，子どもにとって重要な体験である。何より，その一瞬をこの目で捉えようと主体的に器具を操作し，試行錯誤を繰り返しながら活動することにこそ価値がある。

初出：「教材研究一直線（第8回）」『理科の教育』2018年2月号

04 世界一簡単な豆電球ランプ

豆電球

1 まずはソケットを使わない回路を試す

導線付きのソケットと，端子付きの電池ボックスを使えば，誰でも簡単に豆電球の点灯が可能だ。しかしそれでは，電池と豆電球をどのようにつないだら回路が成立するのか，実感することは難しい。そこで私は最初，豆電球1個，乾電池1個，導線1本だけで豆電球をつけてみる活動を入れるようにしている。

ほとんどの子どもは最初，左の写真のようなつなげ方を試す。電池の＋極と，豆電球の下にある端子を1本の導線でつないでいる。子どもたちは当然これでつくと思っているので，「あれ？　つかないよ，おかしい！」となる。すると，「豆電球が切れているんだよ」とか「乾電池の電気がなくなってるんだ」と，道具のせいにする。私は教卓に簡単なテスターを置いて，豆電球や乾電池をテストできるようにした。もちろん，どちらも新品なので，正常に動作する。子どもたちは，ますます首をかしげてしまう。

2 「回路が成立する」一瞬

しかし，10分ほど試行錯誤しているうちに，突然教室のどこからか，「ついたーー！！」と声が上がる。一斉に子どもたちが駆け寄り，「わぁーー，ホントだ！」「どうやんの？　どうやんの？」と大騒ぎになる。「ついた」という子ど

もが作った回路は，豆電球と乾電池を使った最も単純な回路と言える。なお，この実験は素手で行うので，最低限の安全指導は必要だ。アルカリ電池は危険で，必ずマンガン電池を使わせる。偶然短絡（ショート）が起きてしまうこともあるので，電池が熱いと感じたら手を離すということも徹底しておいた。

その後，つける方法が次々と伝播し，あっという間にほぼ全員がつけられるようになった。LEDと違って，豆電球には極性はない。豆電球を電池の－極側につけても点灯する。慣れてくると，電池を立てて－極側の下に導線を置き，片手でも豆電球をつけられるようになってくる。もちろん，セロテープなどは一切使わない。こうなるともっと欲が出てくる。「両手とも触らないで，つけっぱなしにできないかな？」……実は可能なのだ。

3 手を放してもつき続ける豆電球

最終的に子どもたちは「手放し」でも点灯し続けるものを作りたいと言い出すようになる。しかし，これはちょっと難問だ。思考錯誤の末，成功したのが左の写真である。教室中がシーンとする中で作業を続けていたのだが，出し抜けに「できたーーー！」と声が上がった。たちまち人だかりができる。導線の皮膜のない先端を，豆電球の口金に巻きつけてある。さらに，導線の弾力を利用して，乾電池の＋極に接触させているのだ。こういう「高度な技」は，男児の方が最初に成功することが多いように感じる。

皮膜をむいた導線の先端を，豆電球の口金（スクリュー部分）に噛ませるように巻きつけることが大切だ。こうした知恵も，一人が成功すると重力波のように教室の隅々まで伝播してゆく。

4 アルミ缶を切って導線にする

私は，子どもたちを教卓の側に集めて，導線の代わりに，コーヒーのアルミ缶を細く切って回路を作ってみた。その一部始終を見ていた子どもたち

は，豆電球がついてもなぜかシーンとしていた。「あれ，面白くなかったの？」と聞くと，最前列の男児が「あまりにも驚いて，どんな声を出したらいいのか，わかんなかったんです！」と言った。なかなか味のある発言だ。「アルミ缶を切ったやつでもつくんなら，銀紙（＊アルミホイル）を細く切ってやっても，きっとつくと思う」という発言もあった。この発想は面白い。私はさっそく探究させることにした。

5 世界一簡単な豆電球ランプ

導線の代わりに，まずアルミホイルを細くよったものを作る。次に，左の写真のように片方の先端をリング状にすれば完成だ。このリング状の部分に，豆電球の口金をねじ込めば，ソケットと同じ役割を果たす。

これが完成した「世界一簡単な豆電球ランプ」である。子どもでも 10 分もあればでき上がる。接触が悪いので，ソケットを使った場合よりも，豆電球はやや暗い。試しに私が作ったものを，点灯させたまま教室に置いてみたら，翌朝になってもまだ暗く点灯していた。

早くできた子には，なかなかできない子にアドバイスをするように指示をした。「作り方を教える」のではなく，「作り方のヒントを与える」ことが大切だ。ほぼ全員が完成したところで，部屋を暗くして，一斉に点灯させてみることにした。

自分の机の上，友達の机の上，そして教室中で豆電球のランプが一斉に点灯した。歓声が上がり，子どもたちは手をたたいて喜んでいた。

子どものノートから（＊筆者註）

・アルミニューム（＊アルミホイル）で作ったどう線でも，ケッコー豆電球がついて，おどろきました。アルミニュームは電気を通すから，かいろ（回路）ができたんだと思います。

・先生が教室を少し暗くしてくれました。それでみんなでランプをつけたら，すごくきれいで，私はキャーって言っちゃいました。クリスマスパーティーの気分になれました。

教師自身の振り返り

３年理科は「科学の入門期」と言える。子どもたちは何にでも興味を示し，少しの刺激で探究心を高めていく。この実践のように，子ども自身の「やってみたい」「できるはずだ」という声を授業に生かすことも大切だと思う。決まった流れだけではなく，教師にはこうした柔軟性も必要だろう。

ここが大事

本活動では，１本のビニル導線から，細く切ったアルミ缶，アルミホイルと，ランプの材料が変わっていく。そのたびに子どもたちは，それぞれの材料の共通点を見つけている。教師が何も言わなくても，自ずと導線やソケットの仕組みに近付いているはずである。もし子どもが「いろんなものでも通り道になるね」といった言葉を発したら，授業の展開は回路の内容から，電気を通すものと通さないものを調べていく活動へと進んでいく。子どもたち自身が内容と内容を結び付けた瞬間となる。生きて働く知識は，このように獲得していくのだろう。

初出：「教材研究一直線（第29回）」『理科の教育』2020年2月号

05 電池が肉を溶かす!?

ボタン電池

1 幼児がボタン電池を飲み込んで重体に

テレビのニュースで，幼児がボタン電池を誤って飲み込み，食道に詰まらせて重篤な状態になるという，衝撃的な事故事例が報道されたことがある。キャンディー等と誤って飲み込んでしまうのだろう。周囲が滑らかな単なる円盤状の異物なら，気道を塞がない限り，大きな危険はない。吐き出させるか，何らかの方法で取り出せばいい。しかしボタン電池だけは例外である。ボタン電池の誤飲で命に危険が及ぶのは，およそこんなメカニズムである。

- 幼児がボタン電池を誤飲して，食道のどこかに停留してしまう。
- ボタン電池は小型ながらも3Vの電圧をもっていて，電極も全縁むき出しである。
- その電流が食道粘膜や体液の電解質と反応し，電気分解を起こす。
- その生成物が組織を腐食し，短時間で食道壁を穿孔（せんこう）して重篤化する（ボタン電池が食道壁にめり込んでしまい，除去を困難にする）。

幼児の母親の話でも，子どもは「泡を吹いて苦しんだ」という。電気分解で発生した水素の泡だった可能性がある。恐ろしい事故だ。この幼児は数年経った現在でも，嚥下（えんか）障害などの後遺症があるそうだ。

ある番組では，そのメカニズムを実験で再確認していた。実験といっても，肉（ハム）にボタン電池を載せるだけの簡単なものだ。私はこの実験を，6年の「人体」と「電気」に関する単元の発展学習として試した。

2 食塩水に乾電池を投下する

実験の前提として，人体のような電解質は，直流電流で分解される可能性があることを示す必要がある。そこで事前に実験を一つ見せることにした。

こんな実験は初めてだった。理論的には電池につないだ電極を入れるのと同じなので，水素（と微量の塩素）の泡と溶液中に水酸化ナトリウムが生成されるはずだ。まさにその通りの結果になった。食塩水にアルカリ単四乾電池を投入した直後から，－極側から激しく泡が発生した。これは水素の泡である。普段使っている乾電池から泡が出る様子に，子どもたちはとても驚いていた。

もちろんボタン電池でも泡は発生する（写真右）。電圧が3Vと高く，電極の面積も大きいので，むしろ普通の乾電池よりも反応が激しい。しかし，これらの実験は水素が発生し，危険も伴うので，家では絶対にしないように十分注意した（家でも簡単にできることが怖いのだが）。

子どものノートから

・ただの食塩水に電池を入れただけで，電池から泡がたくさん出てきた。それが水素だと聞いて，二度おどろきました。

・電気分解という現しょうをはじめて見ました。電気が食塩水を分解するなんてすごいです。それがこんなに簡単にできることにも，びっくりしました。

・電池を海水につけたら，大変だとわかりました。ケータイは海に落ちたら，おしまいです。

3 電池が肉を溶かす

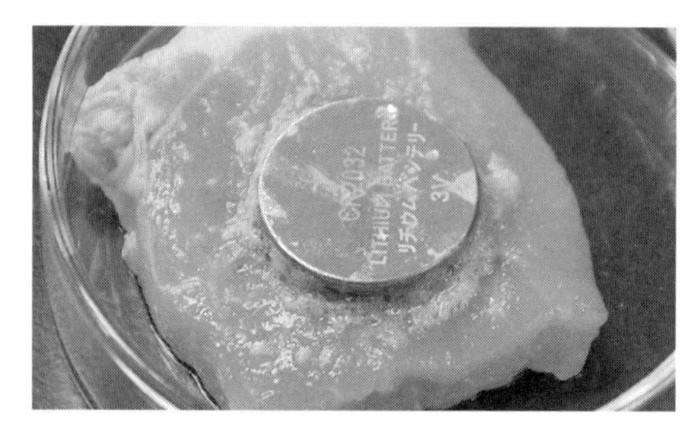

肉が溶ける一瞬を顕微鏡で観察する６年生

いよいよ肉の実験である。「実験」といっても，ハム，鶏肉，豚肉の上に，ボタン電池を載せるだけである。ボタン電池＋極と－極の両方が見えている面がハムに接するように置くようにする。

驚いたことに，実験を始めてわずか数秒で反応が現れた。電池に接した肉の周縁部が変色を始め，電池と肉の隙間からすぐに泡が発生する。この反応が，幼児の食道壁で起きたと思うと，ぞっとする光景だった。3～40 分ほど放置すると，電池は肉にめり込み，変色した物体からは硫化物のような匂いがした。

子どものノートから

- 小さな電池があっという間に肉を溶かすなんて，おそろしいと思いました。飲み込んだ赤ちゃんはかわいそうだと思いました。
- よくボタン電池に「幼児の手のとどかない場所に保管してください」と書いてある意味が，すごくよくわかりました。本当に飲み込んだら，大変なことになっちゃう。
- 電池は食塩水を分解するだけじゃなくて，肉まで溶かすのを見て，超おどろいた。私はふざけて電池を口にくわえたことがあるけど，もうぜったいにしません。

教師自身の振り返り

実験そのものは非常に簡単にできるものだったが，現象のインパクトが大きく，しかも短時間で反応が現れるので，教材としては優れていると思う。特に「人体」と「電気」に関する単元の学習を終えた後に，発展的に扱うには適している。実験では，ウィンナー，生ハム，かまぼこなども試したが，いずれもボタン電池１個で「メルトダウン」した。子どもたちも，ニュースの事例と重ね合わせて，小さな電池がもつ意外なほど大きな力と，それに対して人体が無力なことを実感させられたように思う。

ここが大事

身近な電池と食塩水，ハムなどを使って実際に起こった事故を紐解く。最近は「危険」や「注意」という文字があらゆる商品に書かれ，子どもたちはそこに隠れている科学に目を向けることも難しい。指導者がしっかりと危険を理解した上で，どうして危険なのかというメカニズムを説明していくことは，危機意識の態度につながる貴重な経験となるだろう。もちろん，子どもに安全性を確保する必要がある。

初出：「教材研究一直線（第９回）」『理科の教育』2018 年 5 月号

06 水蒸気の重さを実感する

姿を変える水

1 実感しにくい「水蒸気の重さ」

4年生の子どもたちは，水には温度によって（正確には圧力も関係する）状態（相）が変化することを学んだ。氷（固相）と水（液相）は，重さを実感しやすい。しかし，水蒸気（気相）は，実感しにくい。1気圧・100℃で沸騰し，水が水蒸気になると，体積が千倍以上にもなってしまうからだ。これはもう気体そのものの重さを測定するのは困難な希薄さだ。そもそも子どもたちは「気体は軽いから重さがない」と思い込んでいて，水蒸気も気体だから重さはないと考えているケースが多い。

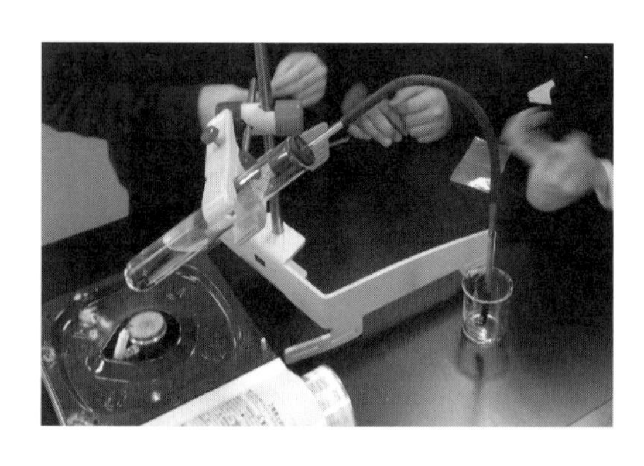

沸騰によって発生した水蒸気を集めて，再び水に戻す実験はいろいろな方法がある。子どもでも簡単に思い付くのが，上の写真のような実験だ。大きめの試験管か丸底フラスコをスタンド（ミニベー）に固定し，バーナーで加熱する。発生した水蒸気をビーカーで冷やして集め，計量するというものだ。この方法では，確かにビーカーの底に水がたまっていくが，かなりの水分子が空気中に逃げてしまい，正確な重さは測定できない。

2 ビーカーごと台ばかりに載せる

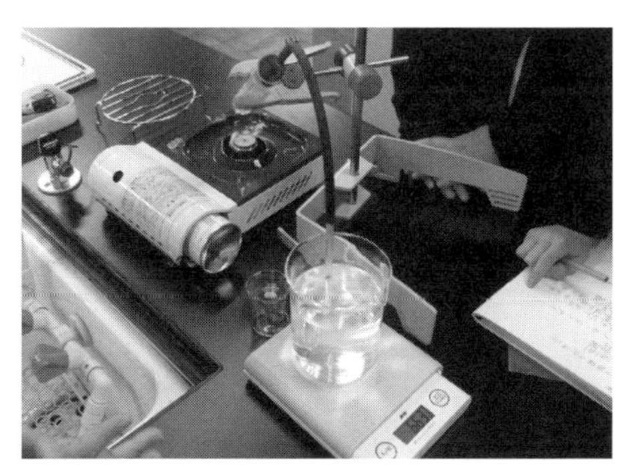

そこで，子どもたちが考えたのが，上の写真の方法。水（水道水そのままの水温）の入ったビーカーに，ガラス管を入れるという方法だ。ビーカーごと台ばかりに載せて，全体の重さを量っているところが面白い。

私はこの興味深い実験をした「第４研究所」（４班）に張り付いて「取材」をした。実験開始時の全体の重さは663gだった。これは，ビーカーと水とガラス管の合計重量である。

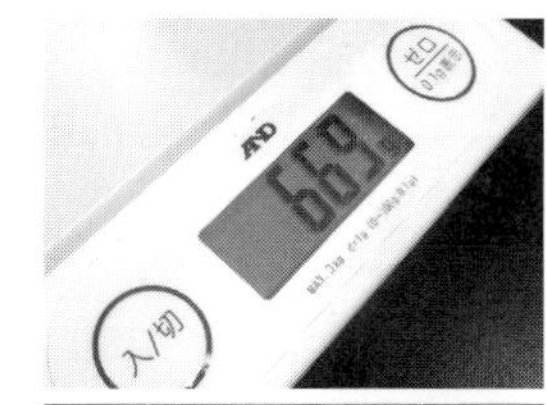

水を熱し始めて最初のうちは，ガラス管の先から空気の泡が出てくる。空気はほとんど水に溶解されないので，ビーカーの水面まで泡のまま上昇する。しかし，しばらくすると様相が一変する。

3 ガラス管の先で「一瞬で消える泡」

試験管の水を熱し始めて，沸騰に近付くと，ガラス管の先から出てくる泡に変化が現れる。「蒸発」が水（液体）の表面からのみ気化している状態なのに対し，「沸騰」とは，水（液体）の内部でも盛んに気化が進んでいる状態を指す。こうなると，泡は出るには出るのだが，ビーカーの水の中に出た途端，すぐに消えてしまう。熱し始めてしばらくは，試験管の中の空気が出てくるが，沸騰

が近付くと，今度は水蒸気が出てくるのだ。水蒸気は，ビーカーの水に冷やされて，一瞬で液化し，ビーカーの水と一体化してしまう。

「泡は消えずに水面に向かって昇る」というのが，子どもたちの常識だ。しかし，この泡はすぐに消えてしまう。これが，子どもたちにとっては不思議でならないのだ。私はこの時点では現象の理由を説明せずに，実験を続けさせた。

4 重くなり続けるビーカーの水

「水蒸気の泡が消えて水と一体化する一瞬」を観察するのは容易ではない。しかし，何度も観察を続けると，一瞬上昇し始めた「純水蒸気の泡」が，水面に近付かないうちに水に溶け込んでいるように見える。

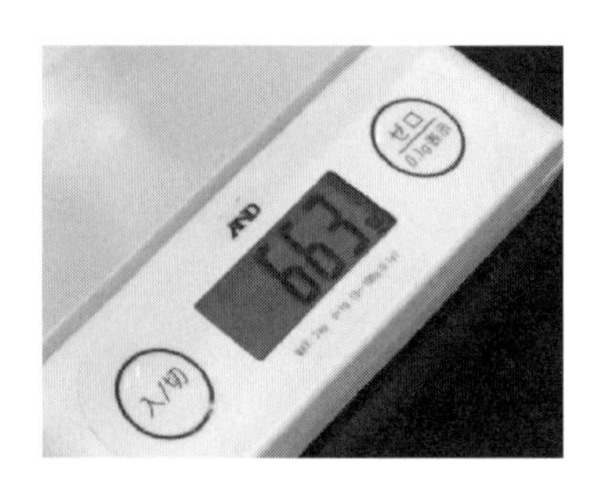

ガラス管の先で泡が消え始めると，面白い現象が起きる。ビーカーを載せた台ばかりの重さ表示が，上昇を始めるのだ。最初663gだった総重量は，数分後には669g，最終的には672gまで上昇した。大切なことは，「実験前の重量」と「実験後の重量」を比較したのではなく，「変化する重量」を観察し続けることである。1g上昇するたびに，子どもたちは歓声をあげていた。0.1gまで測定できれば，もっと面白かっただろう。

下記の口頭発表は，なかなか優れていると思った。「水蒸気が冷やされて水に戻った」という説明がなかったことだけが残念だった。

子どもの口頭発表から

「ガラス管から出てくる泡は，最初は消えないで水面まで昇っていきました。でも試験管の水が沸騰してくると，泡が出ても，ガラス管の出口でどんどん消えちゃった。何で消えちゃうのか，4人ともさっぱりわかりませんでした。

でも，泡が消える頃になると，今度はビーカーがだんだん重くなって，30秒で1gぐらいずつ重くなりました。重くなったのは，ガラス管から出てきた水蒸気が，ビーカーの水と一緒になって，溶けたのだと思います。その分，重くなったんです」

ここまでの振り返り

水蒸気を含め，「気体にも重さがある」ということを実感させるのは難しい。この実験方法でも「気体（水蒸気）そのものの重さ」を測定したのではなく，「気体が液体に戻った（凝集した）ものの重さ」を測定しているにすぎない。私はこの営みの中で大切なことが二つあったように思う。

一つは，気体の重さを測定することによって，「気体も“もの”である」ことを認識すること。もう一つは「測定前の重さ」と「測定後の重さ」を比較するのではなく，「変化し続ける重さ」の一瞬一瞬を測定することである。小学校の実験では，「変化前と変化後の比較」に終わることが多い。しかし「変化の一瞬」を捉えることで，初めて実感できることも多いように感じている。

この後子どもたちは，「気化によって減っていく水の重さ」の測定に挑戦する。

粒子

5 蒸発と沸騰の違い

水（液体）が気化して水蒸気（気体）になるには，二つの方法がある。「蒸発」と「沸騰」である。水面（正確には液体と気体の境界面）から気化するのが蒸発，水の温度が上昇して（あるいは気圧が低下して）水の内部から気化するのが沸騰だ。

蒸発は常温常圧下でも起きるが，その速度は非常に緩慢で，ほとんど変化がわからないほどゆっくり進む。1時間や2時間の授業内で実感するのは難しい。一方の沸騰は，数分間でも明らかに水の量や重さが変化するのがわかる。

6 教師による予備実験

私は，沸騰によって気化し，失われた重さ（重量）を直接測定する方法を試すことにした。写真はその予備実験の様子だ。給食の廃品のお盆に，カートリッジ・ガスバーナーごと載せて，その上に水の入ったビーカーを置く。この状態で点火して沸騰させ，全体の重量変化を観察するのである。実験開始時の総重量は2155g だった。

沸騰するまで数分かかるが，その間，重さの変化はほとんどなかった。しかし，いったん沸騰が始まると，みるみる重さが減っていった。

驚いたことに，約 15 秒に 1g の割合で重さが減っていく。沸騰して数分後に火を止めたときは，2120g になっていた。約 35g の減少だ。

35g（約 35cm^3）の水（液体）は，およそ 3.3cm 角の立方体に収まる量だ。ところが沸騰して水蒸気になると，約 60,000cm^3 に膨張する。これはおよそ 40cm 角の立方体と同じ容積だ。爆発的膨張と言える。しかし，この実験には一つ重大な「手落ち」がある。実は，加熱に使っているブタンガスそのものの重さも減っているのだ。

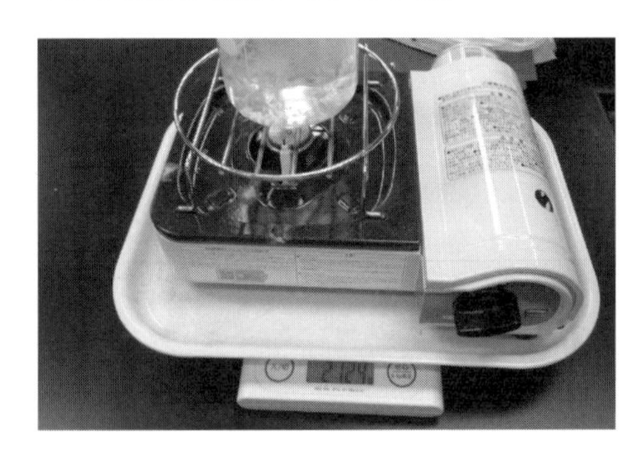

7 気化によって失われる重量の測定

沸騰による気化で，水蒸気として逃げていく水の重さを直接測定するのは，4年生にとってはなかなかできない体験だと思う。私は実験装置の安全面の配慮を最優先とした。

私がした予備実験では，カートリッジ・ガスコンロをはかりに載せるのに，給食室廃品のお盆を利用した。これはやや不安定なので，子どもたちにさせる実験では，台ばかりの上に厚手のベニア板を強力に固定して，机上に置くのと同じ程度の安定性を確保した。

研究課題（学習問題）としては，「沸騰しているとき，ビーカーの水は軽くなるのか？　もし軽くなるなら，何秒で1gずつ軽くなるか」とした。子どもたちは，ストップウォッチを使って，非常に丁寧に測定をしていた。台ばかりのデジタル表示が1g減少するたびに，どこかの研究所（班）から子どもたちの歓声が上がっていたのが印象的だった。気体になって減った水の重さを，実際に測定で実感できたことは，驚きだったに違いない。

8 ブタンガスの重量減を測定しておく

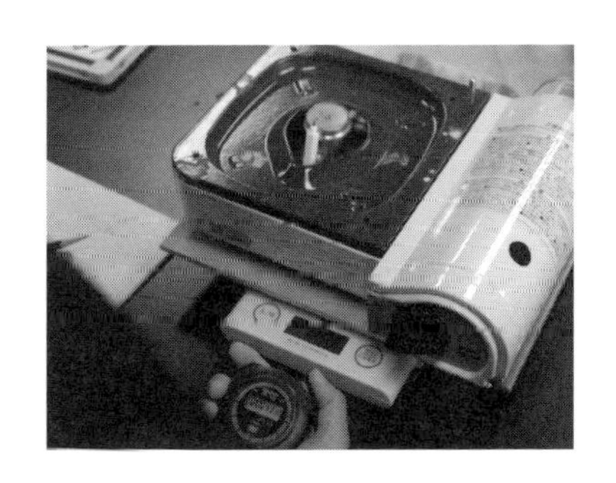

しかし，研究所（班）によっては，教師が指摘する前に「ガスボンベの中のガスも減って軽くなっているはず」と気付いている鋭い子どももいた。さらに，単にガスを燃焼させるだけで，どの程度重さが減っていくのかを確かめたいというので，その実験をさせて

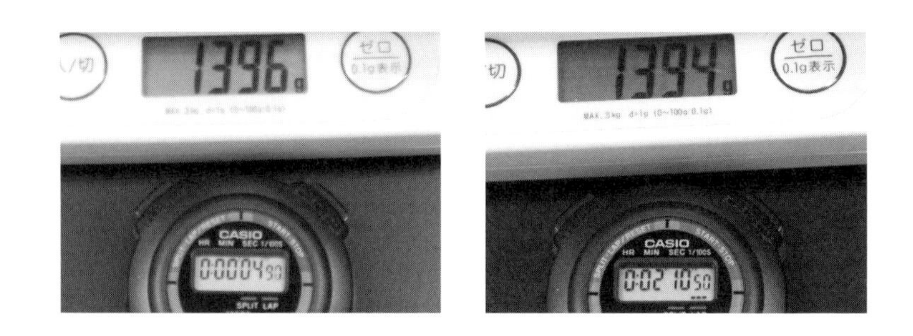

みた。

私も予備実験の段階で，その減少量を測定していた。最初の重さ（総重量）は1397gだったが，1g未満の誤差があるので，火を強火にして，1396gになった瞬間から計時を始めた。

2分後には1394gになった。ちょうど1分で1gのガスを消費している計算だ。子どもたちの測定でもほぼ同じ結果が出た。蒸発の実験では1分間で約4gの重量減少が見られたので，そのうち約1gはガスの消費が原因ということになる。これは無視してよい重さとは言えないので，この実験では大切な要素となったと考えている。

子どものノートから

・水がふっとうすると，えき体だった水が水蒸気に変わって，部屋の中に広がるので，水の量がへります。それは見ればわかるのですが，実際にビーカーごと重さをはかって，重さが少しずつへるので，おどろきました。もしかすると，教室の空気のほうが重くなったのかな？

教師自身の振り返り

私はこの実験で留意すべき点は，以下の３点だと考えている。

①徹底した安全への配慮。常に100℃近くを保つ熱湯を扱うので，机上で加熱する場合と同等の安定性が必要。

②実験前の全体重量と実験後（沸騰後）の重量を単に比較するのではなく，変化（減少）し続ける重量を観察し続けること。

③加熱に使ったブタンガスの重量減も影響していることに気付き，それを計算に入れること。

いずれも，４年生の子どもには難しい研究課題だ。しかし子どもたちは，「困難だが不可能ではない研究課題」だからこそ，夢中で探究しようとするものだと思う。こうした教科書に載っていないアプローチをする場合，まずは教師自身が徹底的に教材研究をし，自信をもって授業をすることが何よりも大切だろう。

ここが大事

容器に入れた水を温めると，温度計が示す数値がぐんぐん上がっていく。80℃くらいになると沸騰も始まる。しかし，100℃に近付いた途端，温度の上昇はほとんどなくなる。子どもたちは，温度は変わらないものの激しく出る泡に目を奪われる。水の沸騰は，泡が激しく出る反応に目が行きがちだが，この実験のように同時に起こる重さの変化に目を向ければ，見た目だけではなく重さや体積の減少という変化を捉えることもできる。温度には大きな変化が起こらない一方，体積や重さには変化が起きるというように，両方の変化をつなぐことによって，液体から気体に変化する水の状態変化の理解が深まるだろう。

初出：「教材研究一直線（第30・31回）」『理科の教育』2020年3・4月号

07　雪を使った寒剤作り

雪

1 「積もった翌日の雪」はすばらしい教材

雪の結晶は，通常の方法では，降ってきた雪粒が地上（物）に着地した直後の数秒間しか観察できない。しかし，地上に積もった雪は，非常に教材性が高い。

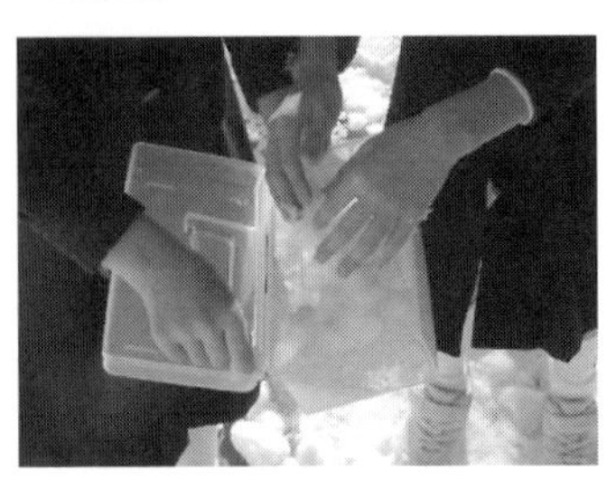

子どもたちは，校庭の雪にのれただけでも大喜び。雪の採取よりも，雪の感触を楽しむことのほうがうれしかったようだ。しかし，今は理科の授業中で，雪合戦をしに来たのではないことは子どもたちもよくわかっていた。さっそく実験に適した，きれいな雪が残っているところを探し回っていた。

採取はあえて素手でさせた。雪の冷たさや感触を確かめるためだ。容器は100円ショップで購入したDVDの保管ケース。蓋がついていて運搬にも便利だ。10分ほどかけて，あーだこーだ言いながら，全部の班が無事に「実験材料」を採取することができた。機密性は高くないが，結構しっかりした蓋がついていて，持ち手もあるので「安全に」雪を室内まで運べる。

2 まず雪の温度を測ってみる

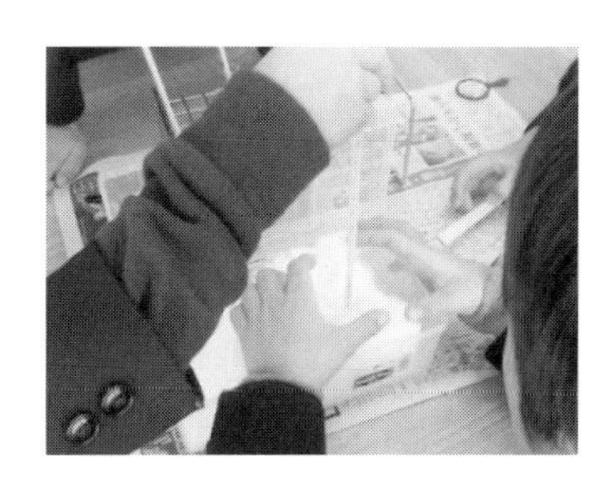

採取した雪が融けないうちに，すぐに実験ができるよう，実験器具はあらかじめ各研究所（班）に準備させておいた。雪の容器のほかに，試験管立て，試験管各自１本，わりばし各自１本，虫めがね各自１本，それに棒温度計である。こうした実験器具が目の前にあるだけでも，子どもはワクワクして目を輝かせるものである。

採取した雪は，食塩を入れる前にまず温度（雪温）を測定する。雪の温度の測定も，ほとんどの子どもにとっては初めての体験だ。測定結果は，０℃～－２℃が多かった。

3 食塩と雪を混ぜて理想的な寒剤を作る

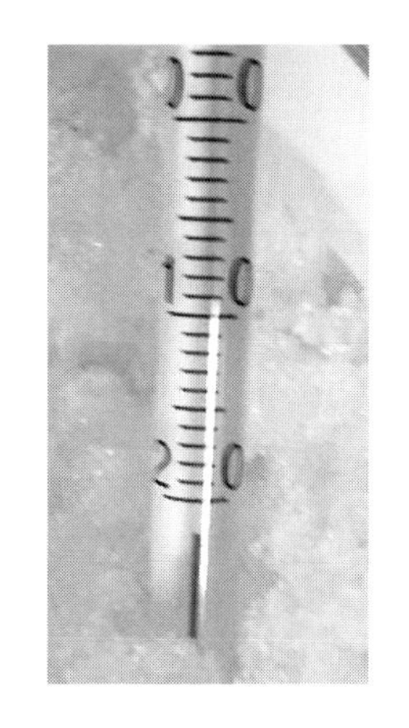

いよいよ食塩を投入する。雪と食塩は，色も質感もよく似ている。重量比で雪の３分の１が理想だが，それ以下でも寒剤としては，十分に機能する。大きな氷だとなかなか温度が下がらないが，積もってしばらく経った「ザラメ雪」を使った寒剤では，あっという間に温度が下がる。学校の温度計の目盛りは－20℃までしかないが，ものの数分で，目盛りの限界以下まで下がってしまった。

寒剤のメカニズムは，簡単に言えば「溶解熱と融解熱の共同作業」である。氷と食塩が接すると，氷の表面（界面）には濃い食塩水ができる。濃い食塩水は水の凝固点（固相に転移する温度）を下げるので，氷は固体でいられなくなり融ける。つまり，食塩も氷もともに「とける」のだ。

食塩の「とける」は「溶ける」（溶解）である。食塩は単に水に溶かすだけでも，その温度を数℃低下させる。つまり溶媒の熱を奪う。一方，氷の「とける」は「融ける」（融解）である。氷が融ける（固相から液相に相転移する）ときにも，周囲の熱を奪う。食塩も氷もともに熱を奪い合うので，その混合物は急激に温度が下がるのだ。これが寒剤のメカニズムである。

4 「凍る一瞬」は観察できない

−15℃を下回ったら，水と割り箸の入った試験管を入れる。この段階で，多くの子どもたちが気付く。「あれ？　温度は−20℃なのに，雪がとけてきた！」「あ！　ホントだ！　水っぽくなっちゃった！」……この観察は正しい。ほぼシャーベット状になっても，温度は−20℃以下を維持できる。これが雪と食塩を使った寒剤の優れた点なのだ。

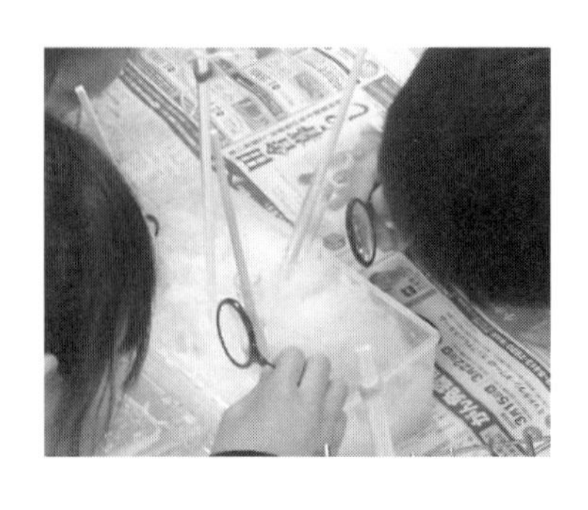

この実験で何よりも重要なのは試験管の中の水が「凍る一瞬」である。子どもたちは，虫めがねを近付けて，食い入るように試験管の水を観察していた。

水が氷になる（相転移を起こす）のは，ミクロのレベルでは「一瞬の出来事」である。試験管のように，水の分子がぎっしり入っている状態で，「水が氷になる一瞬」を目視で捉えることは至難のわざ……いや，ほとんど不可能と言ってもよい。「あ！　凍ってる！　試験管ごと抜けた！」「あ！　私のも！いつの間にか氷になってる！」……これも正しい観察結果である。要は，「氷になる前」と「氷になった後」の比較は可能だが，そもそも「水が氷になる一瞬」は，残念ながら，この方法では観察することはできないのだ。

5 氷を取り出して観察する

試験管から氷を取り出すときは，慎重にする必要がある。無理に引き抜かず，割り箸を回すようにしながら，ゆっくり取り出す。この「自分で作った氷を取り出す」ことが，子どもにとっては実にワクワクする一瞬なのだ。

「ワァー，氷だ氷だ氷だ！　ホントに凍ってた！」

取り出した氷は，底でできた部分は白く，口に近い部分ほど透明なことが多い。これは，水が凍るときに溶解している気体（主として二酸化炭素）を追い出そうとする性質があるからだ。

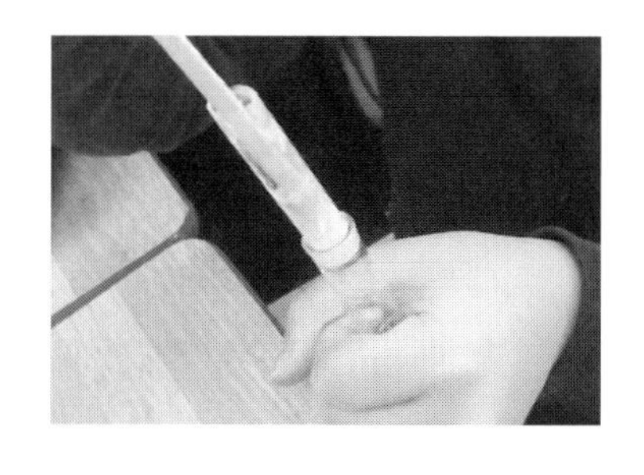

子どものノートから（＊筆者註）

・すごい速さで，しけんかんの中の水が氷り（＊凍り）ました。白く見えたのは，虫メガネで見たら，小さなアワ（＊泡）でした。家で，ジュースでやってみたい。

教師自身の振り返り

東京でも１月から３月に雪が積もることがある。自然に積もった雪は，すばらしい教材になる。この実験は「水の三態」を学習する４年生が一番適しているが，どの学年でもできると思う。

しかし「水が凍る一瞬」はこの方法では観察できない。そんな寒剤の問題点を解決すべく私は不思議な寒剤の開発に取りかかることにした。

ここが大事

水を凍らせる実験では，あらかじめ冷凍庫で作っておいた氷を使うことが多いが，本実践では雪を利用する。雪であれば大量に使える。また，準備されたものではなく，自分たちの手で集めることができる。ここに，雪を使う価値がある。また，雨と雪の関係や，空気中の水蒸気などとの関係について整理できる可能性もあるだろう。

初出：「教材研究一直線（第 19 回）」『理科の教育』2019 年 3 月号

08 魔法のような不思議な液体

飽和食塩水

1 問題点だらけの「従来の寒剤」

雪を寒剤に使用した実践を紹介したが，小学校の実験で使う寒剤と言えば，「砕いた氷と食塩」である。氷の融解熱と，食塩の溶解熱の両方を利用した方法だ。しかし，この方法は，実は問題点だらけである。

①「凍る一瞬」を見逃す

まずは，氷も食塩の結晶も不透明なので，中の試験管の水の様子がよく見えない。一番肝心な水の変化の様子がわかりにくいのだ。当然「凍った一瞬」は見逃す。試験管を取り出したときには，すでに凍り始めている。この方法では「凍る前」と「凍った後」を比較しているに過ぎないのだ。

②準備に時間がかかる

一番時間をとるのは，氷を砕く場面だ。砕かなくても寒剤はできるが，やはり砕いた方が寒剤としての性能は安定する。それに時間がかかる。

③使い捨てという点

この方法では寒剤はほとんど使い捨てになる。大量の氷と，食塩を実験机の流しに廃棄している。食塩だけでも，クラス1回の実験で，食塩を1kg程度消費する。これは環境にも優しくないだろう。

2 魔法のような不思議な液体

そこで私は，ある液体を作ってみることにした。

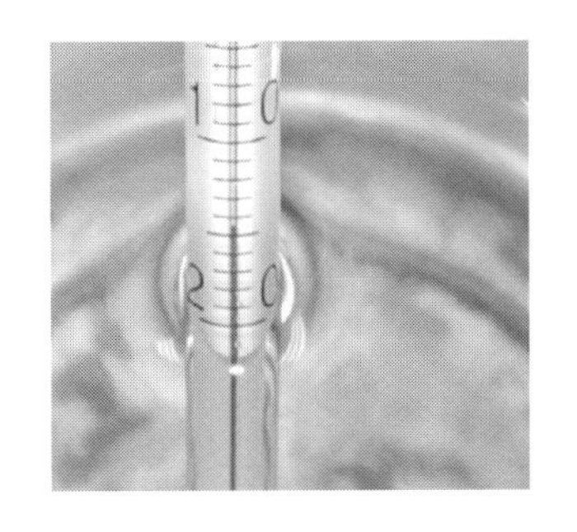

写真がその「謎の液体」である。状態（相）は完全に液相なのに，液温は−15 ℃で安定している。−12 ℃以下なら，試験管の中の水を十分に凍らせることができるので，この液体は「寒剤」として機能する。まさに「魔法のような不思議な液体」である。

実はこの液体は「飽和食塩水」である。「なぁーんだ」というありふれたものだ。水（溶媒）に化合物（溶質）を溶かすと，凝固点（液相が固相に転移する温度）が下がることが多い。これを「凝固点降下」という。凝固点降下は普通濃度が高いほど激しくなる。食塩水の場合，飽和溶液だと−20 ℃になっても凍らない。これが，この魔法の液体の正体だ。

3 「液体寒剤」の作り方と原理

まずは飽和食塩水を作る。500ml ビーカーに常温の水 500g を注ぎ，そこに食塩約 175g を溶かせばよい。これで「飽和に近い食塩水」になる。そのまま「冷凍庫」に入れる。冷凍庫の温度が低すぎるとこれでも凍ってしまうので，「弱冷」（−18 ℃程度）に設定すると，数時間で寒剤が完成する。

飽和食塩水で作った寒剤は，自動車のウィンドウ・ウォッシャー液や，下水道管の不凍液と同じ原理だ。しかしこれらは，様々な物質が含まれ，実験中に子どもの手につくのでよくない。

私が冬の山小屋で使っている不凍液は，−55 ℃まで凍らない。これは「原液」の場合であり，水で薄めると，もっと低い温度で凍ってしまう。食塩水の場合も同じで，凍らせずに温度を下げるには，飽和に近い方が，より効果が大きい。

4 「液体寒剤」の効果

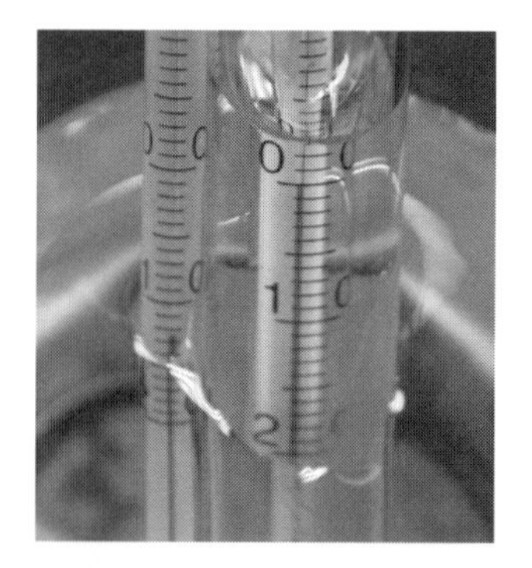

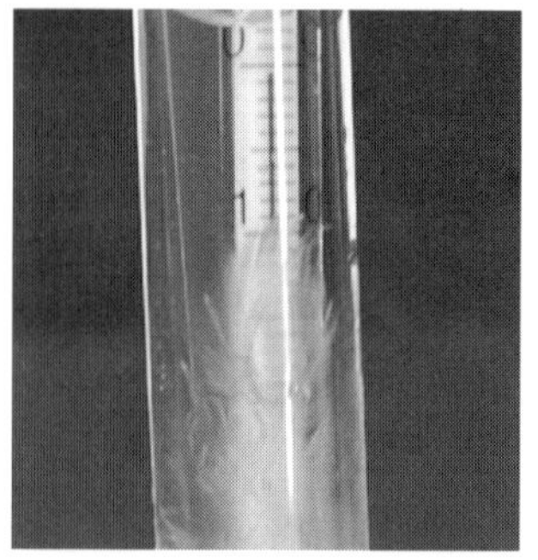

試験的に作った「飽和食塩水の液体寒剤」を，さっそく試してみることにした。子どもにとって安全で，実際に試験管の中の水が凍らなければ意味がない。試験管に半分ほど水を入れて，「液体寒剤」の中に浸けてみた。液体寒剤の温度は最初－15℃だったが，試験管を入れると少しずつ上がり，最後は－10℃程度になった。試験管内の水温はゆっくり下がり，予想通り0℃付近で「一時停止」した。

寒剤そのものも液体なので，水面から見ても試験管の中の様子がよくわかる。0℃付近まで下がると，下の方から氷の結晶が成長し始めるのがよくわかった。試験管を取り出しても，食塩水の水滴がつくだけなので，子どもたちにとっても安全だ。

翌日，さっそく子どもたちにこの「魔法のような不思議な液体」を見せた。子どもたちは「あり得なーい！」とかなり驚いていた。「水は0℃で凍るはず」と思っているので，目の前の物体が－15℃でも液体のままでいることが，にわかには信じられない様子だった。

この寒剤のもう一つの利点は，「何度でも再利用できる」という点だ。使い終わったら，減った分を補充してラップをかけ，また冷凍庫に入れておけば，何度でも使える。単元が終わったら，2Lのペットボトルで常温保管できる。なかなか便利な「魔法のような不思議な液体」だと思う。

子どものノートから（＊筆者註）

・先生が“なぞの液体”を見せてくれました。－15℃なのに凍っていないのでおどろきました。きっとすごく特別な薬品がとけているのだと思ったら，ただのこい（＊濃い）食塩水と聞いて，またおどろきました。これは家でもかん単に作れるし，ジュースでアイスキャンディーも作れそうなので，ためしてみたいです。

粒子

教師自身の振り返り

「教材研究」をする理由はいくつかある。「より問題を解決しやすい実験（や観察）の方法を考える」「より安全で確実な実験方法を考える」「より時間や材料を節約する学習材を考える」などだろう。この「液体寒剤」は全ての理由に該当する。実際に授業で使ってみて，時間の短縮，材料の節約，観察のしやすさを実感できた。やはり，日頃からの教材研究の重要性を再認識もした。

ここが大事

－15℃でも凍らない液体は確かに不思議であるが，これまで取り入れられていた食塩と氷で温度を下げる方法も不思議であることに違いはない。であるならば，より変化が捉えやすい方法がよい。これまでの方法では，試験管の中の液体の様子，温度計，さらにはストップウォッチと，たくさんのものを見なければならないという状況も考えられる。「その一瞬」を逃さないためにも飽和食塩水は有効に働く。冷凍庫で何度でも冷やすことができ，再利用ができるということもあわせて子どもたちに伝えることも大切である。

初出：「教材研究一直線（第28回）」『理科の教育』2020年1月号

09 一滴の水溶液が見せる美

塩化アンモニウム水溶液

1 「美しさ」を観察させるということ

私は5年「物の溶け方」の授業の中で，「化合物が見せる最も美しい姿」を子どもたちに見せたいと思っている。それは，教科書に載っているようなビーカーの中でも試験管の中でもなく，スライドグラスの上の，たった一滴の水溶液の中にある。「物の溶け方」では，私の教材研究のベクトルは，常に「美しさを観察させる」という一方向に向かっている。

食塩やミョウバンの結晶が，一滴の水に溶ける一瞬を，顕微鏡で観察するのは面白い。ビーカーでの溶解実験では捉えられなかった，溶けるという現象が，まさに目の前に展開される。しかし，もっとすばらしいのは「再結晶の一瞬」にある。

2 顕微鏡で見る「再結晶」

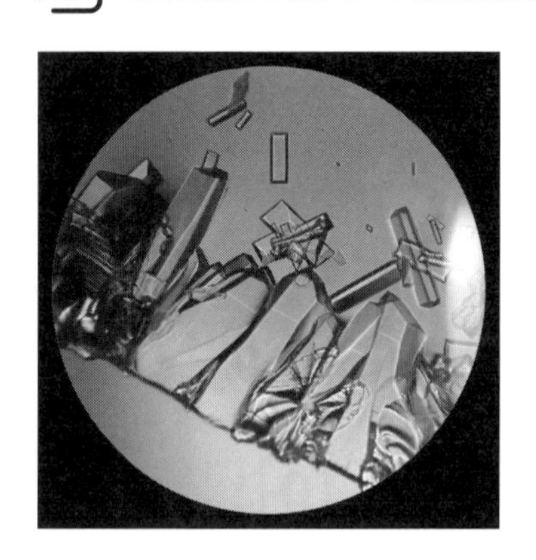

これは「塩化コバルト」の再結晶の一瞬を捉えた顕微鏡写真である。岩のように並んだ結晶（群晶）とは別に，溶液中に現れた「単結晶」も写っている。静止画ではまったく実感できないが，実際に接眼レンズをのぞくと，群晶・単結晶とも，かなりのスピードで成長する様子がわかる。塩化コバルトは，結晶も溶液も色がついていて，結晶の形も美しいが，試薬そのものが非常に高価なのが難点

だ。500g ビンで1万5千円もする。学校の理科室で気軽に使える薬品とは言えないだろう。

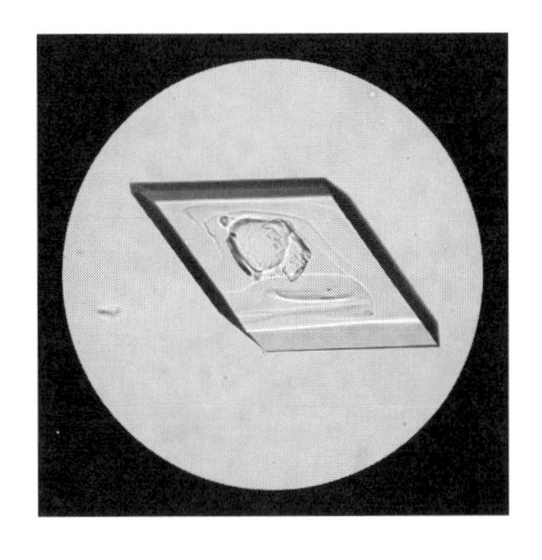

形状の美しさ（対称性）では，硫酸銅にかなうものはないだろう。写真は，硫酸銅水溶液一滴をスライドグラスに置き，水滴の水分が少しずつ蒸発することで現れた，硫酸銅の単結晶だ。硫酸銅の結晶は「三斜晶系」という形態をとる。理想的な単結晶は，どの面も平行四辺形をしていることになる。この写真の結晶は，たった一滴の水溶液の中の 1mm 足らずのものだが，この化合物の特徴を恐ろしいほど美しく表現している。

3 「絶滅危惧器具」の復権

私は5年生に「塩化アンモニウム」の再結晶を観察させてみた。塩化アンモニウムは，溶解度曲線が「穏やか」で，少しの温度変化で，美しい単結晶が現れる。再結晶には「水の蒸発による再結晶」と「溶液の温度変化による再結晶」の2種類がある。蒸発による再結晶の観察は，顕微鏡でも比較的簡単だ。しかし，溶液の温度変化による再結晶を顕微鏡で観察するには，相当な工夫が必要だ。まずは「水溶液の保温」が重要である。

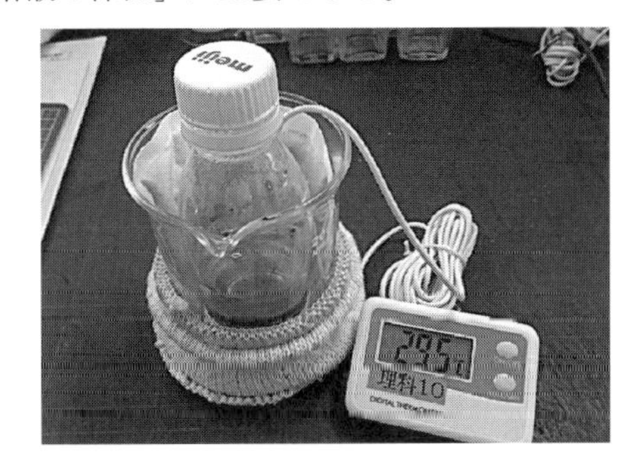

この写真は，その工夫の一つである。「装置内」は，常に 30 ℃付近を維持している。ビーカーにR1（乳酸菌飲料）の容器を入れ，その中には塩化アンモニウム水溶液が入っている。その周囲を使い捨てカイロで巻いてある。さらに熱が逃げるのを防ぐために，軍手の指部分を切ったもので囲んだものだ。この方法はある程度うまくいった

が，やはり保温性に限界があり，実験中に容器の中で再結晶が始まってしまった。もう一度結晶を溶かすには，加熱の必要があり，非常に時間がかかった。この方式は1クラスだけで「ボツ」になった。

そこで別のクラスでは，湯煎方式を考えた。500mL ビーカーに水を 350mL ほど入れ，水温は 40～50 ℃程度を維持するようにする。温度が下がってきたら，カートリッジ・ガスコンロを弱火にして，30 秒も加熱すれば，すぐに適正温度になる。そのために棒温度計も挿したままになっている。

R1 容器には塩化アンモニウム水溶液が入っているが，空気の方が多いので，このままでは斜めに浮いてしまう。そこで「三角架」に登場してもらった。三角架（さんかくか）というのは，三脚の上に置いて，その上に「るつぼ」などを置いて加熱する補助器具である。ほとんど「絶滅危惧器具」で，一度も使ったことがなかったが，理科室の棚の奥から「無事に発見」できた。この実験で湯煎用の湯は沸騰することはないが，ビーカーの底には念のため「沸騰石」も入れておいた。

4 再結晶観察に最適な濃度を見極める

顕微鏡を使った再結晶の一瞬の観察で，最も重要なのは「水溶液の濃度」である。湯煎の中では溶け切っていて，スライドグラス上では結晶が析出する濃度が必要だ。様々な濃度をテストした結果，塩化アンモニウムの場合，以下の濃度が最適とわかった。

塩化アンモニウム 19.5g 水 50.0mL

これは，液温がおよそ 20 ℃以下になると再結晶が始まる濃度で，冷たいスライドガラス上に溶液を一滴置くと，すぐに再結晶が始まることになる。

5 顕微鏡のライティングの工夫

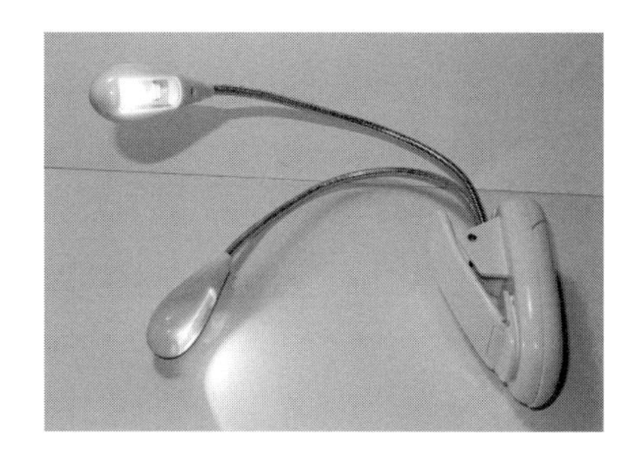

顕微鏡下で，再結晶の美しさを観察するには，「当てる光」も重要だ。顕微鏡についているLED照明は下から当たる「透過光」である。これは対象物の色そのものではなく，シルエットになってしまう場合も多い。

そこで，こんなものを用意した。クリップ式の小型LED照明である。クリップ本体には乾電池が入っていて，連続10時間使用可能。アームはフレキシブルでどんな方向からも投光できる。各々のLEDは2段階に明るさ調節ができ，片方だけの点灯も可能だ。もともとは譜面台の照明用なのだが，これが非常に役立つことがわかった。この照明装置は一つ800円程度で入手でき，結晶の観察以外にも様々な顕微鏡使用場面で役立つと思う。

ここまでの振り返り

「美しさ」には様々な捉え方がある。花の美しさ，夕焼けの美しさ，数式の美しさなどだ。化合物の結晶の場合，「何もない透明な水溶液から現れ，規則正しく成長する」という美しさだと思う。

6 水溶液をスライドに落とすコツ

水溶液をスライドグラスに落とすのにも，実はコツがある。スポイトではなく，かくはん棒の先端に溶液を一滴付けて，「補給なし」で5～8か所程度に連続して滴下していく。すると，次の図のように大きさの違う水滴を作れる。

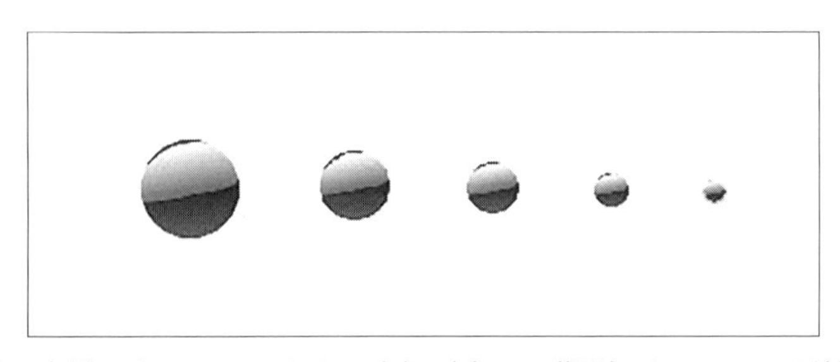

水滴の直径が小さいほどすぐに冷却（或いは蒸発）するので，再結晶速度が速く，大きいほど遅い。したがって，様々な再結晶タイプを観察できるのだ。カバーグラスは使わない。この時，ステージ上のクレンメル（スライドを押さえる金具）も使わない方がよい。水滴に接触する恐れがあるからだ。クレンメルは手前（観察者側）に倒しておくとよい。

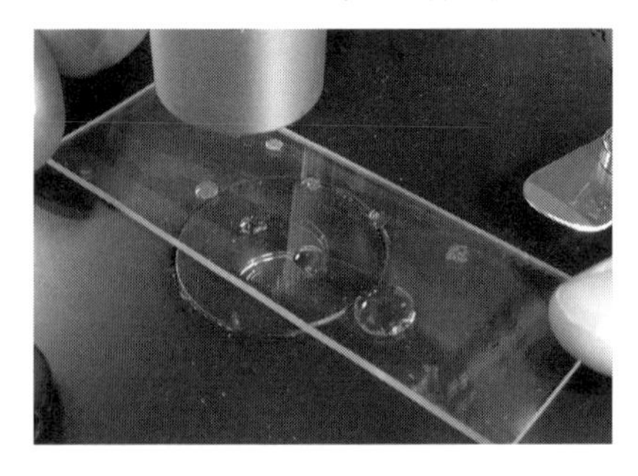

倍率は40倍（対物4倍×接眼10倍）で十分である。100倍でも可能だが，水滴の中から結晶が出てくる一瞬は，視野が広く明るい低倍率の方が有利である。幸い本校の顕微鏡は，40倍でも100倍でも，対物レンズと試料が接触することはない。

7 およそ理科らしくない研究課題

この再結晶観察の授業は，公開研究会研究授業の「本時」で行った。研究課題（学習問題）を以下のようにした。

> 塩化アンモニウムの再結晶の「美しさ」を，顕微鏡で実感しよう。

この研究課題は，いかにも理科らしくない。しかし私は「ものの美しさ」を知ることも，理科の大切な要素だと思っている。したがって教材研究も，その方向性で一貫していたように思う。

8 再結晶という現象に対する子どもの予想

公開研究会の「本時のクラス」では，前時に以下のような予想が出ていた。

【塩化アンモニウムの再結晶を，顕微鏡で観察した時の予想】
・火山の噴火のように，どんどん出てくる。
・星みたいなやつが，規則的に出てくる。
・ポップコーンのように出てくる。
・小さい結晶がからまってくる。
・小さい結晶が大きくなる。

これらの「予想」はどれも正しい。実際に，他のクラスの実験でも，まったく本時のクラスの予想と同じような結晶の現れ方が多数見られた。

9 透明な水溶液から出現する白い結晶

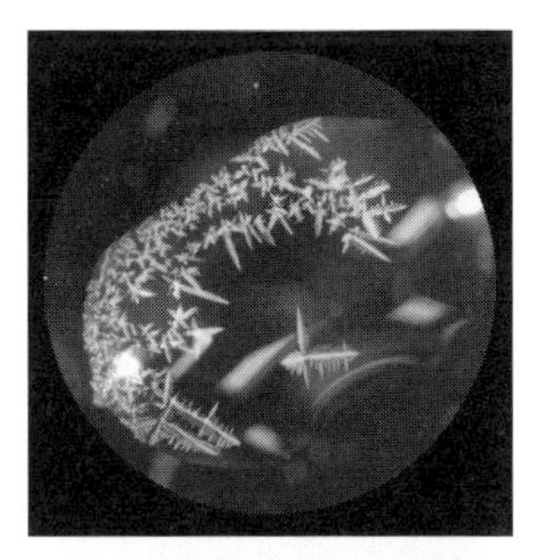

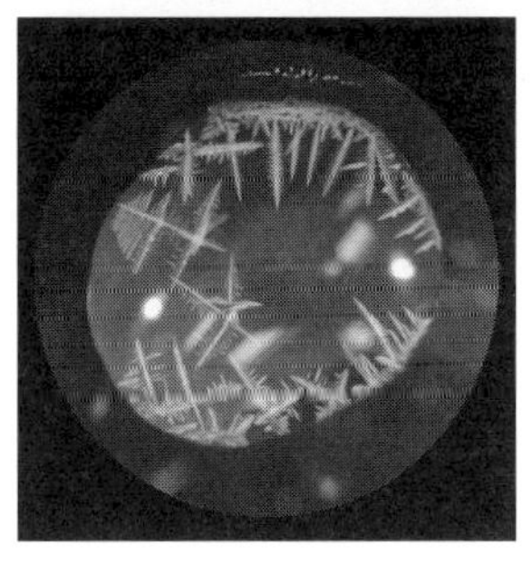

もとの塩化アンモニウム水溶液の液温は，40℃～50℃の間である。スライドグラスの表面温度は，室温とほぼ同じで，15℃～20℃である。一滴の溶液をスライドに付けると，数秒～数十秒後には再結晶が始まる。水滴が小さいほど，再結晶が始まるのが早い。写真は，直径1mm程度の水滴に現れた，塩化アンモニウムの結晶像である。大小様々で，実に美しい。

同じ条件で実験をしても，二度と同じ結晶は出現しない。これも直径1mm程度の小さな水滴だが，今度は周囲から針のような結晶が中央に向かって成長してきた。写真ではわかりにくいが，肉眼で見ると，横方向だけでなく，縦方向にも成長していて，三次元的な結晶が成長している様子がはっきりわかる。反射光での観察ならではの素晴らしい光景だ。

10 まるで北欧の針葉樹林のような群晶

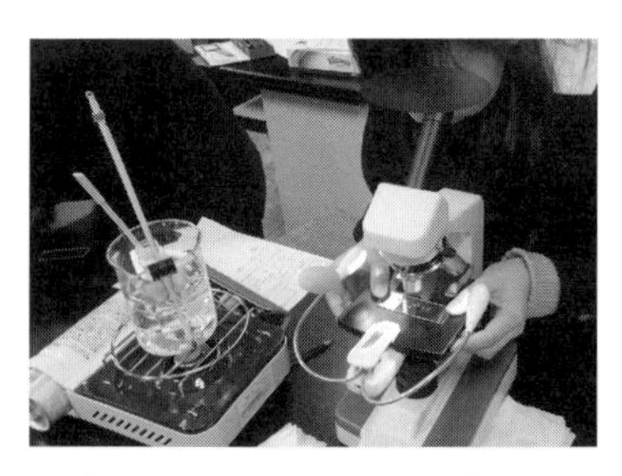

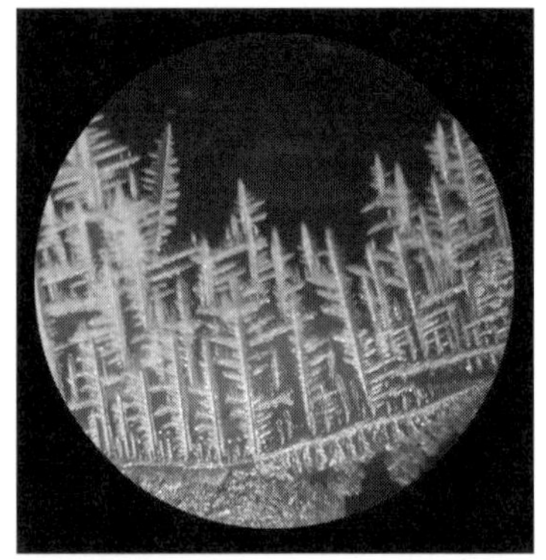

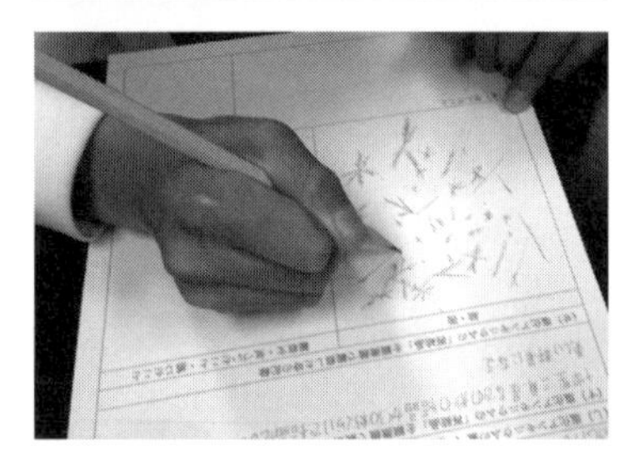

何度観察をしても，全く同じ結晶は絶対に現れないから不思議だ。液の温度，水滴の量，スライド表面の温度，清潔度（スライド表面にどれだけ粒子が残っているか）などで，結晶のでき方，速さ，形状などが異なるようだ。この観察方法は，時間が許す限り，何度でも試せる。子どもたちは何度も何度も夢中になって顕微鏡を覗き，歓声を上げていた。

これは比較的大きな水滴（直径5mm程度）に現れた結晶である。スライドに落としても，最初の1分は透明な溶液のままだった。しかし，突然周縁部から針のような結晶が成長し始め，まるで冬の北欧の針葉樹の森のような姿になった。

子どもたちは，顕微鏡下の再結晶の様子にかなり興奮していた。しかし，さすがは5年生。しっかりとその様子を記録していた。スライド上の結晶は，完全に水分が飛んだ後に，セロハンテープに転写して，黒い紙に貼って持ち帰れることもわかった。この方法は大流行して，ほとんどの子どもはこの方法で持ち帰っていた。

子どものノートから（＊筆者註）

食塩がとけるーしゅんをけんび鏡で見た時は，感動しました。でも，塩化アンモニウムの再結晶は，もっとやばくて（＊すばらしくて），私はけんび鏡を見ながら，さけび続けていた気がします。本当に一てきの水よう液の中のできごとなのか，ウソみたいと思って，目でガラスを見たら，本当に一てきでした。

教師自身の振り返り

顕微鏡を使った再結晶の観察には，もっと簡単な方法もある。飽和食塩水をスライドに一滴置き，そのまま検鏡すれば，水分が蒸発してその場で立方体の結晶が現れる。こんなに簡単で，しかも感動的な一瞬が教科書に載っていないのが，実に残念である。5年生を担当したら，ぜひとも試してもらいたい。

ここが大事

「あっ」と子どもたちが思わず声を上げる瞬間。冷やして再結晶する瞬間は，ミョウバンなどの薬品が水に溶けるとき以上に，子どもたちにとって驚きであり，魅力を感じる一瞬である。しかも，結晶の形は文句なしに美しく，目を奪われる。ミョウバン，塩化アンモニウム，食塩，硫酸銅，それぞれの結晶の形に特徴があることを，顕微鏡を覗きながら感じることで，それぞれの薬品は溶け方が違うということへの理解がより深まるだろう。質的・実体的な見方が働き，より深い理解が得られ，子どもにとって印象深い観察となる。

初出：「教材研究一直線（第 38・39 回）」『理科の教育』2020 年 11・12 月号

10 金属が溶ける一瞬を顕微鏡で観察する

アルミ箔

1 あこがれの「水溶液の性質」

「水溶液の性質」は，数ある単元の中でも，子どもたちにとって一番楽しみな単元だろう。多くの器具や薬品を用いて自分で操作できること，そしてその変化が，短時間で目の前で起きることが魅力的なのだ。単に「実験」というと，この水溶液の性質の実験のような場面を思い浮かべる子どもが多いと思う。実際に，多くの子どもが非常に意欲的に活動に取り組む姿が見られる単元である。

2 酸やアルカリに金属が溶けるという現象

その中でも，酸やアルカリに金属が溶かされる実験は，子どもたちにある種の衝撃を与える場面である。釘や橋の欄干などが長い時間をかけて錆びる現象は，日常生活の中でも起きている。同じように，塩酸や水酸化ナトリウム水溶液にアルミニウム小片を入れると，水素を発生して溶ける現象も，実験室で容易に観察できる。いずれも金属が他の元素や基と結合して，化合物になる反応である。しかし，実はその「一瞬」を見ることは容易ではない。試験管の中で金属片が泡を出しながら，徐々に小さくなっていくのはわかる。しかしそれは「緩慢な反応」であって「変化の一瞬」の観察にはなっていない。

私は常に「変化の一瞬」を大切にしたいと思っている。実際に酸やアルカリに金属が溶かされて見えなくなる（単体金属が化合物になる）一瞬，それを子ども自身の目で観察させたいと思った。

3 身近な教材「アルミ箔」

アルミニウムは，子どもたちにとって非常に身近な金属である。酸にもアルカリにも溶けるところがよい。1円玉，窓枠，黒板のチョーク受けなど，現在生活でアルミニウムに触れない日はないだろう。アルミ箔もその一つだ。

市販のアルミ箔は，厚さが10 μm（0.01mm）程度しかない。表と裏で質感（光沢）が異なるのは，製造工程で2枚を一度に圧延し，最後にそれを剥がすためだ。内側になっていた側に凹凸が多く，白っぽく見える。この表面の凹凸が酸やアルカリに溶けるときに，大きな役割を果たす。

4 金属が溶ける一瞬を顕微鏡で観察する

金属が酸やアルカリに溶ける一瞬を観察するには，顕微鏡が一番よい。小さなガラスシャーレにアルミ箔の小片（3cm角程度）を入れて，そこに水酸化ナトリウム水溶液を加える。アルミ箔は，裏側（白っぽい面）を上にして置くとよい。スポイトを使って，溶液にアルミ箔全体が浸るようにする。水素の泡が発生してそれが弾けるので，シャーレには必ず蓋をする。弾けた水滴と，反応熱の蒸気でガラスが曇ることがあるので，蓋の内側に眼鏡用の曇り止めを塗っておくとよい。準備ができたら，慎重に顕微鏡のステージに載せて，40倍程度の倍率でピントを合わせる。

粒子

5 金属を蝕んでいく水溶液

最初の数分間は何も起きない。これは試験管での実験と同じだ。しかし，根気よく観察を続けると，劇的な反応が始まる。アルミ箔の裏面には縞状の凹凸があるが，その凹凸に沿って穴が開き，そこに泡が現れるのだ。アルミ箔は非常に薄いながらも，ほとんど光を通さない。透過光よりも，反射光のほうが観察しやすい。しかし，穴が開く様子は透過光のほうがはっきりするので，上下からの光を併用するのが一番よい。

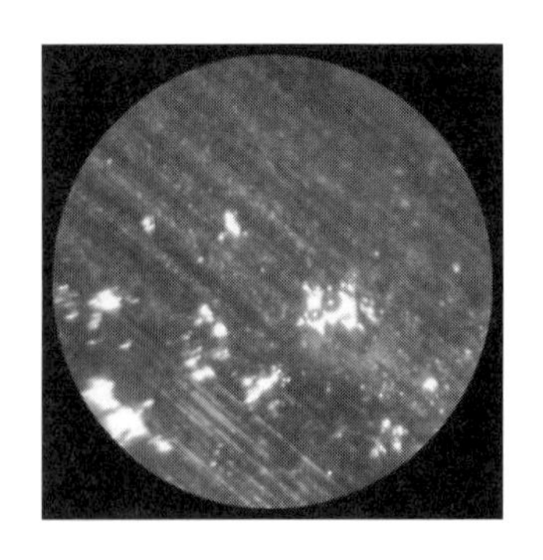

この泡は水素 H_2 である。穴はアルミ箔の随所に現れ，まるで水素の泡に蝕まれるように，どんどん広がっていく。まさしく，「金属が溶けていく一瞬」である。化学式は以下のようになる。

$$2NaOH + 2Al + 6H2O \rightarrow 2Na[Al(OH)_4] + 3H_2$$

$Na[Al(OH)_4]$ は，「水酸化アルミニウム」（水に溶けにくい）ではなく，「テトラヒドロキシドアルミン酸ナトリウム」という，2種類の金属元素を含んだ水に溶けやすい化合物である。溶けたあとの金属の周囲（液）は透明で，「単体金属が化合物に変化する一瞬」を観察していることになる。

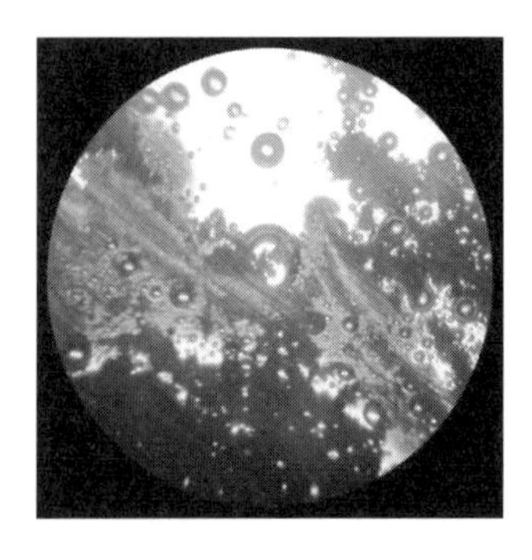

反応が始まって10分ほどで，アルミニウムはほとんど溶かされてボロボロになる。最後は遊離したアルミ箔の小片が，泡に翻弄されて逃げ回り，やがてそれも消える（※40倍，反射光・透過光併用）。

子どものノートから

・空気の泡は見たことがあるけど，水素のあわははじめて見た。何も見えない液から，水素のあわがどんどん出てくるのがふしぎだった。

・泡にアルミニウムが食べられているみたいに，穴がどんどん大きくなった。チョウの幼虫が葉っぱを食べてるみたいだった。

・確かにあったアルミニウムが消えて見えなくなった。消えるまでのようすを，全部観察できた。金ぞくが溶けるという意味がわかった。

教師自身の振り返り

私は，理科の授業の中で常に「変化の一瞬」というものを大切にしたいと考えている。変化の前後の比較ではなく，変化そのものの観察である。顕微鏡は「拡大する機器」と考えられているが，実は「一瞬を捉える機器」としても役立つ。今回の実験でも，子どもたちの，最初から何度も観察を試みる姿が見られた。ちょっとした観察・実感方法の工夫で，子どもたちの探究が深まっていくことを実感できた。

ここが大事

試験管の中で泡を出して溶けていくアルミ箔やスチールウール。顕微鏡で覗くという行動は，その一瞬を捉えようとする主体的な態度を引き出す。アルミ箔が実体として見えなくなったという変化を，質的・実体的な見方で捉えるからこそ，液体には質的な変化が起こっているに違いないという思いにつながるのである。そして，蒸発乾固を行いたいと発言する子どもが現れる。子どもたちは，食塩水の蒸発乾固とは違う結果に驚き，アルミ箔の質的な変化について考えるだろう。そのとき，顕微鏡を覗いてみたあの光景がまた違った意味で捉えられるようになるのである。

初出：「教材研究一直線（第 14 回）」『理科の教育』2018 年 10 月号

11 酸・アルカリで絵を描く

BTB画用紙

1 「ふと思う」という一瞬から教材研究へ

「水溶液の性質」の学習で，ムラサキキャベツ液やクロマメ液を画用紙に塗ってそこにせっけん水やお酢で絵を描く，という発展学習がある。いわゆる「ためしてみよう」みたいなコーナーである。これは子どもが自然に興味をもてる面白い活動だと思う。私はこれと同じことをBTB液でもできそうだ……とふと思った。

「ふと思う」という一瞬は，時にすばらしい「ひらめき」になることがある。教材研究では，そのひらめきが大きな役割を果たすことが多い。私はさっそく試してみることにした。

2 BTB液で画用紙を作る

作り方は簡単で，普通の画用紙にペンキ用のハケでBTB液を塗るだけである。BTB液（500cc）1本で，普通の画用紙の大きさのものを50枚ぐらい作れる。子どもに配付するのは画用紙の2分の1サイズ程度で十分なので，これで100人分ぐらいは作れる。乾燥は意外に速く，朝作っておくと，

1時間目の授業には使える。残念ながら画用紙そのものが弱酸性のようで，でき上がった画用紙はやや黄色っぽい色になってしまった。

3 重曹水で絵を描く

このBTB画用紙は，水溶液の性質の発展学習に使った。アルカリ性の水溶液（炭酸水素ナトリウム＝重曹が安全）を使って絵を描かせてみた。筆ではなく綿棒や楊枝を使うと，細い線描や文字も描けることがわかった。BTB画用紙はアルカリ性の水溶液に反応して楊枝で描いた部分だけが青く発色した。子どもたちは夢中になって取り組んでいた。

子どものノートから

- 透明な水溶液で描いているのに，青い線が出て，とても不思議なお絵かきでした。
- アルカリ性の水溶液の濃度を変えると，線の色も少し変わる。緑色の線も書けておもしろかった。
- ぼくは，BTB画用紙の半分を小さく切って，BTB試験紙を作った。家で実験に使ってみたいと思ったからだ。

4 さらにフェノールフタレインでも

BTB画用紙は好評で，子どもたちは何枚も追加しながら楽しんでいた。こうなると，教師というのは図に乗って，さらに面白いことをしようとする。私も図に乗りやすいタイプで，今度はフェノールフタレインでも画用紙が作れないかな……と，ふと思った。思わなければいいのに，思ってしまうのだから仕方ない。

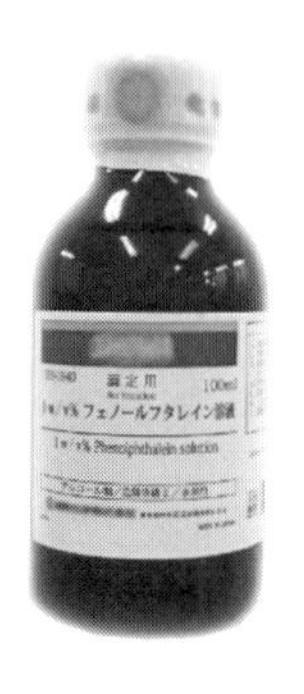

フェノールフタレインは，もともとは無色の結晶で，水にはほとんど溶けない。しかしエタノールにはよく溶けて，それを純水で希釈したものを指示薬として使用する。酸性，中性にはまったく反応せず，弱アルカリ（pH8強）で，鮮やかな紅色に変色する。紅色になったものを酸性に戻すと，また無色になるので，化学マジックでは定番の試薬だ。どういうわけか，強いアルカリ（pH13強）では，再び無色になってしまう。

5 フェノールフタレイン画用紙

さて，フェノールフタレインで画用紙を作るには，原液をさらにエタノールで薄めて塗布するのがよい。BTB液よりも乾きがよさそうに思えるが，実は逆で，乾燥に時間がかかることがわかった。授業の前日に作っておいたほうがよい。

実際にこの画用紙を使って，絵を描いた子どもたちは，かなり驚きの声を上げていた。白い紙の上に透明なアルカリ性の水溶液で描くと鮮やかな紅色に発色することが不思議でならない様子であった。

子どものノートから（＊筆者註）

- BTB画用紙もおもしろかったけど，フェノールフラレーン（＊フタレイン）の画用紙は，もっときれいだった。どうしてこんなにきれいな色が出るのか，とてもふしぎだった。
- 酸性の水溶液を使うと，ピンク色が消えた。酸性の水溶液は消しゴムのかわりになる。
- BTBは酸性とアルカリ性のどちらでも色がついたけど，フェノールは，アルカリ性だけ色がつくのがおもしろい。野菜や果物に，こういう性質のものはないのか？

2番目の子どもの気付きは，なかなか面白い。「別の性質の水溶液が，消しゴムのかわりになる」という考えは，酸性で無色になるフェノールフタレインならではのものである。

粒子

教師自身の振り返り

一見単なる遊びにも見えるこの活動からも，子どもたちは水溶液の性質に興味をもち，様々なことを学んだように思う。教科書では，主にリトマス試験紙とムラサキキャベツを扱っている。どちらも生物由来の指示薬である。BTB 液もフェノールフタレインも，教科書には登場しない。しかしこの実験は，ムラサキキャベツ液やクロマメの煮汁でも可能である。発展的な活動としては，一定の価値があるように感じた。

ここが大事

無色透明で，見た目には判断が難しい水溶液。子どもたちは質的・実体的な見方を働かせて，実験を行い，それぞれの性質が異なるということを理解していく。その単元の最後に発展的に行う活動である。子どもたちはこれまでの学習を通して学んではいるものの，鮮やかに色が変化する画用紙に驚く。そして，目の前で起こっていることを説明しようとする。自分が絵筆につけた水溶液の液性を，画用紙が瞬時に示してくれる体験は，理解を補完するだけでなく，化学を学ぶ面白さを味わわせるものとなる。さらに，アルカリ性の水溶液で描いたあとに酸性の水溶液で上塗りする体験は，中学校以降の中和の内容につながる経験となっていくだろう。

初出：「教材研究一直線（第４回）」『理科の教育』2017 年 12 月号

12 羽化の一瞬を捉える

アゲハのサナギ

1 透明ケースのアゲハのサナギ

虫カゴ（飼育ケース）で幼虫を飼っていると，壁の内側でサナギになることが多い。フタの裏側で逆さにぶら下がってサナギになることもある。透明な飼育ケースの利点は，外側からでも詳しく観察できる点だ。重要なのは「どうやって自分（サナギ自身）の体を壁に固定しているか」という点だ。たくさんの糸が壁にへばりついているのがわかる。そこからのびたひときわ太くて丈夫な糸２本だけで，サナギ自身の体を支えているのだ。

狭い飼育ケースの中でも，チョウは器用に羽化する。しかし展翅に失敗し，飛べなくなってしまうことも多い。そこで私は，「サナギホルダー」というものをつくることにしている。

2 サナギを慎重にはがす

前蛹状態のときや蛹化直後は，サナギの体の中は液体状でドロドロなので，移動はしないほうがよい。５日以上経ってから，ピンセットで慎重に剥

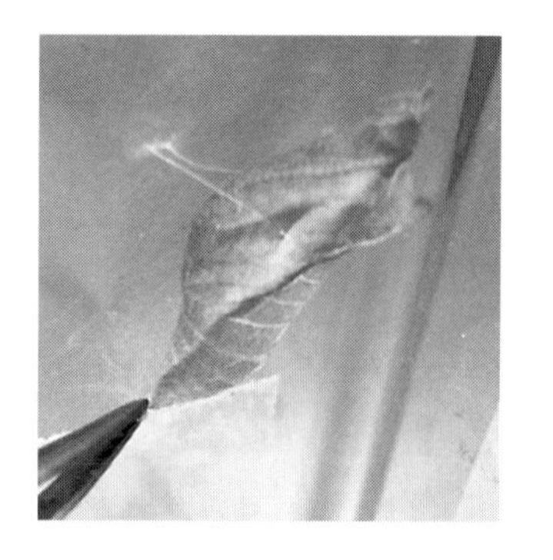

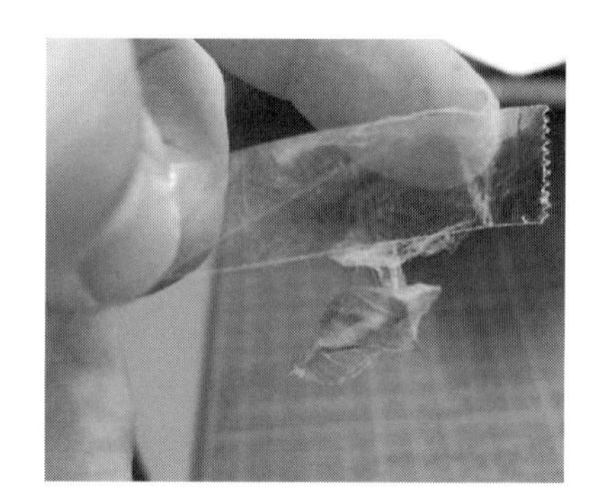

がす。まずは尾の部分。サナギ本体は挟まず，サナギを支えている糸の塊を剥がす。このとき，サナギが暴れることがあるので注意する。2本の糸は，できれば切らずに，壁にへばりついている糸の塊ごと，セロテープではがすのがよい。

はがし終わると，前ページの右の写真のような状態になる。背中側から支えている太い糸は保持され，尻の先端の糸塊も残っている。この尻の先端の糸が，後から厚紙に固定するときに，非常に役立つ。

3 「サナギホルダー」をつくる

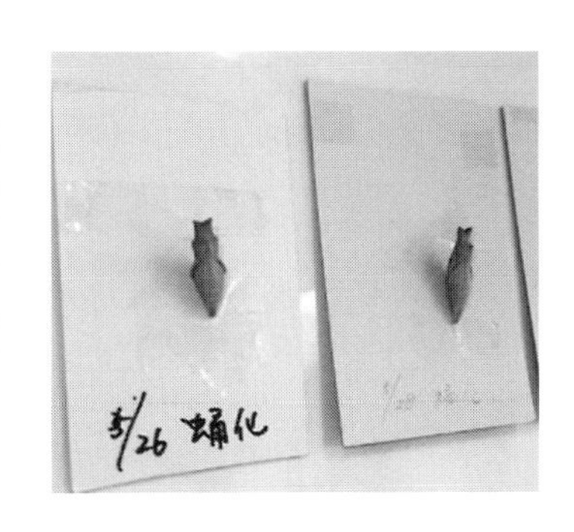

次に厚紙（板目紙）に固定する。できるだけ元のサナギの姿に近くなるように固定することが大切だ。まずは尻の先端を固定する。サナギの本体ではなく，もともとサナギを支えていた糸塊をセロテープで固定する。セロテープはV字型に貼るのがコツだ。

尻側がうまく固定できたら，背中側から回る2本の糸を固定する。羽化が成功するかどうかは，このときに厚紙との角度をうまく調整できているかで決まる。できた「サナギホルダー」は，蛹化した日付を書き，裏面に磁石をつけて，黒板やホワイトボードに「掲示」しておく。もし，サナギを吊っている糸が切れてしまった場合は，細い針金やモールで固定するとよい。

4 「羽化の一瞬」を共有する

ある朝，ちょうど子どもたちの登校時刻直前に，そのうちの一匹が羽化に成功した。飼育ケースの中のサナギは羽化に失敗することも多いが，サナギホルダーでは，ほぼ100％羽化に成功する。登校してきた子ども

生命

たちは，もちろんその羽化直後のアゲハに気付き，大騒ぎをしている。

「あれ？　こっちのサナギも色が変わってるよ」「羽化しそうだね」……「あれ？　サナギ，動いてない？」

ついに，子どもたちが見ている前で羽化が始まった。かなり昆虫が好きな子どもでも，チョウの羽化の一瞬を見たことがある者はほとんどいない。サナギの頭部が割れて，中から翅を畳んだ体勢で，身をよじらせながら出てきた。

他のクラスからも集まってきた。小さな命の「羽化ショー」は大盛況で，学年の大多数の子どもがこの一瞬を共有することができた。

5　羽化後のチョウの変化を観察する

ナミアゲハの羽化も劇的だが，クロアゲハの羽化にあっては，もう芸術的とも言える美しさを見せる。ある日気付くと，掃除ロッカーの側面でクロアゲハが羽化し，すでにサナギの殻につかまって翅を乾かしていた。

翅をゆっくり開閉しながら3時間ほどすると，すっかり展翅し，すばらしいクロアゲハの姿になった。実に美しく，風格があるチョウである。背の部分にビロード状の細毛があるのも特徴である。幸いまだ飛ぶまでには時間がありそうだ。

私は，サナギホルダーごと，慎重に教室の前面黒板に移動した。特に指示

したわけではないが，子どもたちは思い思いに観察カードを描いていた。

子どものノートから（＊筆者註）

・さなぎホルダーは，とても，おもしろいです。さいしょは，生きているのかな？と思いました。時々黒板でぴくぴく動くので，生きてるとわかりました。

・朝の会がおわって，１じかん目のさんすうの時に，さなぎがうかしました。すぐに出てきて，さなぎのぬけがらみたいのに，しがみついていました。あとではねをぱたぱたして，かわかしていました。それから２じかんぐらいして，きょうしつの中をとんで，マイク（＊スピーカ）のところにとまっていました。

教師自身の振り返り

昆虫の変身は，子どもたちに大きな感動を呼び起こす現象だ。特にチョウの羽化は最も劇的で，何としても観察させたい場面である。その一瞬を逃さないようにする工夫は，意外にも簡単だった。「サナギホルダー」は自由に移動でき，黒板や壁に貼ることもできる。その点は特によかったように思う。

ここが大事

葉を食べ続ける幼虫に，子どもたちはエサをあげたり，飼育ケースの中を掃除したりと，世話をする。しかし，サナギになると動きがほとんどなくなり，エサも必要なくなるために，気持ちが離れてしまうことが多い。このサナギホルダーは，逃げない，動かないことをうまく利用し，飼育ケースから外へ出すことができる。複数のサナギを貼れば，子どもたちはサナギ同士を比較し，「明日はこのサナギが羽化すると思う」などと予想をすることもできる。サナギの色の変化，動きの変化などを捉えながら，対話を行う機会も生まれるだろう。

初出：「教材研究一直線（第22回）」『理科の教育』2019年6月号

13 春の落ち葉探し

常緑広葉樹

1 常緑広葉樹「シラカシ」の落葉

イチョウやクヌギは，秋になると葉の色が変わり，冬になる前に落葉する。雪の重さから枝を守るのが目的の一つだ。再び春になると，新芽が一斉に揃う。つまり樹木丸ごと一気に葉を更新するわけだ。では，常緑樹の場合はどうだろうか？

4月から5月，大学構内の樹木や街路樹の下にたくさんの落ち葉が見られるようになる。硬くて緑色の濃い葉が多い。中には茶色く変色しているものもある。街路樹として植えられている「シラカシ」もその一つだ。シラカシ（*Quercus myrsinifolia*）はドングリがなるブナ科の樹木の一種で，常緑樹である。

この時期のシラカシの木を観察すると，はっきりと葉が2色に分かれていることがわかる。枝の根元のものは色が濃く「サップグリーン」という色だ。枝先のものは色が薄く「リーフグリーン」という色をしている。触ってみると，色の濃いものは硬く，色の薄いものはやわらかい。冬を越した古い葉と，この春に芽吹いた新しい葉が，枝に混在しているのだ。

秋にドングリがなるシラカシは，5月の上旬に花を咲かせ，5月の中旬から6月上旬に一斉に古い葉を落とす。動植物の「振る舞い」には，必ず何らかの意味がある。新しい葉を出す時期と，花を咲かせる時期が微妙にずれているところに，何か意味があるに違いない。

2 「タイサンボク」の落葉

シラカシ以外の常緑広葉樹も4月から5月に葉を落とすはずである。私の勤務する大学構内にも常緑広葉樹は多い。私は，早朝に自転車で大学の中を一周して，教材研究を実行することにした。

右上の写真は，附属高校の脇にある「タイサンボク」（泰山木）の高木である。この木は学内では最も大きく，強い芳香のある白い花を咲かせる。花だけでなく葉も大きい。ただし葉の大きさではアオギリに負けている。

タイサンボクも常緑広葉樹なので，4月から5月に古い葉を落とすはずである。実際にタイサンボクの樹の下には，葉がたくさん落ちている。黄土色のものが多いが，濃い緑色のものもある。

タイサンボクの枝を見上げると，古い葉のある枝の先端部に薄緑色の新しい葉が見える。下の方の葉は茶色く変色し，今にも落下しそうに見える。私はもう一つ興味深いことに気付いた。

一つの枝だけをよく観察してみよう。右の写

生命

真のAの部分は，枝も葉も色が薄く，この春に成長した部分と思われる。その下のBは枝の色が少し濃く，葉も濃い緑でツヤがある。まだ落葉する段階には見えない。その下のCの部分は，枝の色が明らかに違い，木材化している。葉は変色しているものが多く，落葉寸前に見える。

実は常緑広葉樹の葉の寿命は，1年とは限らない。もしかすると，タイサンボクの葉の寿命は2年なのかもしれない。寿命（芽吹きから落葉まで）を2年間と仮定すると，この写真の様子は納得できる。

3 「春の落ち葉」を探して歩く

タイサンボク以外にも，学内には常緑広葉樹が多数存在する。思いつくものだけでも，スダジイ，ツバキ，クスノキ……まだありそうだ。

イチョウ並木の突きあたり，講堂前にあるキンモクセイも常緑広葉樹だ。

初秋にはこのキンモクセイの樹の下に，たくさんの橙色の花が落ちるが，5月に落ちているのはキンモクセイの葉である。

左の写真は，附属中学校前にある高木，サンゴジュである。庭木として好まれるほか，葉に水分が多く，防火作用があることから，生垣に利用されることもある。

サンゴジュ（*Viburnum odoratissimum*）は5月に花を咲かせる。残念ながら，観察に行ったときは，まだつぼみだった。しかし花序（花の付き方）は，つぼみのほうがよくわかる。サンゴジュのような型は「円錐花序」と呼ばれている。サンゴジュ（珊瑚樹）の名のいわれは，赤い実がたくさん実る姿からと言われる。しかし，開花した姿もまた白い珊瑚に見える。

サンゴジュの樹下にも，たくさんの落ち葉が見られた。「常緑樹が見せる，春の落ち葉」…これは，小学生に植物の生活を考えさせる上で，なかなか面白い教材になるだろう。

教師自身の振り返り

本稿の教材研究をしたのは，2017年5月だった。担任をしていた3年生と一緒に，「春の落ち葉探し」に出かけたものの，子どもたちは花や昆虫を探すことに夢中で，常緑樹の落ち葉にはあまり興味を示さなかった。樹木には広葉樹と針葉樹があることや，それぞれに常緑樹と落葉樹があり，それぞれの生活に適した葉のタイプになっていることなどをしっかりと学んだ後に，4年生以降の生物単元の中で扱っていけば，もっと興味をもって観察したに違いない。上学年の理科を担当した際は，ぜひ試してみたいと思っている。

生命

ここが大事

ある研修会で，「竹の秋」は春の季語であると聞いた。いつも目にしている竹，いつも目にしている落ち葉でも，実は見えていないということを痛感した。きっと子どもたちも落ち葉＝秋と思い込んでいると，目の前に落ち葉があっても不思議に思うことは少ないだろう。そこで，視野を広げるきっかけとして，シラカシやタイサンボク，そのほかにも学校にある樹木を利用することができる。さらに，落ち葉の時期が違うのは理由があるはずだと，子どもたちが調べ始めれば，4年「季節と生物」の学習は大きく広がっていくだろう。

初出：「教材研究一直線（第8回）」『理科の教育』2018年4月号

14 ケヤキの知恵に学ぶ

ケヤキ

1 美しいケヤキの木

関東地方にはケヤキの木が多い。落葉広葉樹であるケヤキは，樹木全体の四季の変化を観察するのに，非常に適した植物の一つである。

東村山市の郊外園（大学所有の農園）にダイコン掘りに行ったとき，お弁当の後，農園のすぐとなりの市営公園で少し遊ぶ時間があった。公園の入口には見事なケヤキの大木がある。ケヤキに限らず樹木は，周囲に邪魔するものが何もない場所では枝が四方に伸びて，その樹木本来の形状（自形）となる。この公園の木も典型的なケヤキの樹容を見せていた。樹齢は50年を超えているだろう。

2 大木を下から見上げてみる

樹木は横から見ると全体の形がわかるが，根元から見上げると枝の付き方がよくわかる。私は子どもたちに，ケヤキの木を真下から見てごらんと声をかけた。

実に堂々たる巨木である。枝が何にも邪魔されず，四方に伸びている。雨が降れば，枝々が集めた雨水が幹に集まり，効率よく根に送られるだろう。これも「ケヤキの知恵」の一つと言える。

3 枝や葉と一緒に落ちるケヤキの実

この日はよく晴れていたが，武蔵野台地では珍しく西風が強かった。ケヤキは梢(こずえ)から，絶えず葉を落としている。子どもたちはその様子に喜んで，舞い落ちる葉っぱを追いかけている。誰かが「地面に落ちない内に落ち葉をキャッチすると幸せになれるって，おばあちゃんが言ってた」と言う。私も同じ話を祖母から聞いた記憶がある。うまくキャッチできた子どもが，その葉を私に見せてくれた。

「先生，ほら見て！　これね，葉っぱとタネがついてるよ」と説明してくれた。先日の大学構内での自然観察のときに，附属中学校前で拾ったケヤキの種子のことを覚えていたのだ。

確かに，葉脇にブドウの種のようなもの（正確には果実）が付いている。この状態で，空中を飛んできたわけだ。あ……なるほど！　そうか！

数枚の枯葉と数個の果実がセットになって落ちて来るケヤキ……地面を見ると，単独で落ちている葉に交ざって，葉と果実がセットのまま落ちているものがたくさん見つかった。

4 ケヤキの葉が回転して落ちる一瞬

私は，葉や種子が落ちて来る一瞬を捉えようとじっとケヤキを観察していた。周囲の子どもたちもケヤキの葉の落ち方に興味を抱き，一緒に観察するようになってきた。

何度も観察するうちに，葉が単独で落ちる頻度と小枝ごと落ちる頻度は同じくらいとわかった。さらに小枝ごと落ちた場合はその落ち方に特徴がある

こともわかってきた。子どもたちもその面白い葉の落ち方に気付いて，声を上げていた。

「あ！　クルクル回りながら落ちてくるよ！」

「ホントだ！　竹トンボみたいに回ってる！」

子どもたちは，もう大騒ぎをしながら，葉を追いかけていた。

ケヤキの小枝が落ちる，連続写真の撮影にも成功した。珍しい写真だと思う。確かに小枝全体が，回転しながら落下している。実際に観察すると，回転軸は縦で，回転の中心は小枝の基部にあるとわかる。つまり斜めに回るコマのような動きだ。

ケヤキの果実は小さい割には，硬くて重い。マツやカエデのような翼果なら遠くまで飛べるが，ケヤキの種子には翼はない。果実だけが落下すれば，すべてケヤキの樹の根元に積もってしまうことになる。

そこでケヤキは，自らの葉を翼がわりにして，少しでも遠くまで飛ぼうとしているのだ。冬を前に葉は落ちる。どうせ落ちるなら，最後の仕事として果実を遠くに運んでやろう，というわけだ。前ページの枝の写真を見ても，互生の葉が回転をしやすい角度に交互についているとわかる。考えたものである。まさに「ケヤキの知恵」と呼んでよい。

子どもの絵日記から（＊筆者註）

こないだ（＊このあいだ）校がい園（＊郊外園）のとなりのけやきの木の下であそびました。秋だったし，風がつよくで（＊て），けやきのはっぱが，どんどんおちていました。はっぱは，えだについたまま４まいいっしょにおちてきます。３まいとか５まいの時もあります。はっぱといっしょに，たねもおちてきます。こまみたいにクルクルまわるのがおもしろいです。たねは，はっぱといっしょに，風ではこばれるんだなって，思いました。

教師自身の振り返り

植物には自我も知能もない。今植物がもっている形態や機能は，長い進化の歴史の中で変異・淘汰され，生育環境の中で最も適した形になった結果である。しかし，ケヤキの種子拡散の方法は，「知恵」と呼ぶべきすばらしい仕組みだ。

ケヤキは，本州から九州に普通に見られる樹木だ。街路樹や公園でもよく見られ，本校の校庭にも一本ある。授業前に何も準備は必要ない。落葉の時期に，ケヤキの樹の下に子どもたちを連れていけばよい。そこで，葉や果実が落ちて来る一瞬を，ゆっくり観察させてみてほしい。

ここが大事

落ち葉ではなく，落ち枝葉。しかも，無造作に反りかえったように見える葉が，巧みに空気を捉え，クルクル回りながら落ちてくる。子どもたちはその様子に感動し，立体的な構造がどうなっているのかという視点で，今一度落ちている枝葉を見る。ここに視点をもった観察が成立する。他の葉はどうなっているのか，同じような枝葉はないかと，さらに「共通性・多様性」の見方で捉えようとするだろう。

初出：「教材研究一直線（第５回）」『理科の教育』2018年１月号

15 身近な植物を教材に

オシロイバナ

1 オシロイバナの教材化

5年生の教科書では，花の構造や花粉観察の材料として，アサガオを扱っている。栽培が容易であることに加え，ちょうど1学期の終わりから2学期の初めにかけて，花期を迎えることも好都合なのだ。確かにアサガオは花弁（花びら）も大きく，子どもが「解剖」して観察するには，都合がいい。しかし，アサガオの花は数が限られ，いくらでも使えるというものではない。そこで私は，オシロイバナの教材性に着目している。

オシロイバナを観察に使うメリットは，とにかく花を豊富に入手できることだ。それもつぼみ，開花状態，しぼんだもの，結実直後，実が熟した後と，バリエーションに富んでいる。子どもたちが，花の構造や，その後の果実や種子の成長の様子を観察するのに，非常に適しているのである。

2 オシロイバナを分解する

まずは，カッターやはさみで花弁（実はがく片）を切ってみる。注意深く切らないと，花弁と一緒に，おしべやめしべも切ってしまう。

新鮮なつぼみを切ってみるとよい。アサガオは花の数に限りがあるので，こうスパスパ切れないが，オシロイバナはいくらでも試せる。子どもたちは

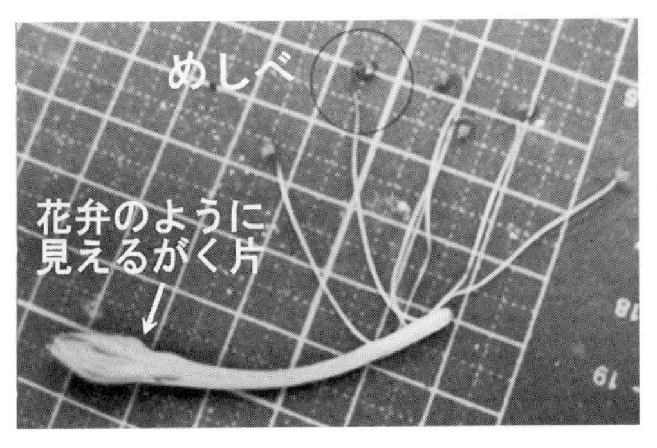

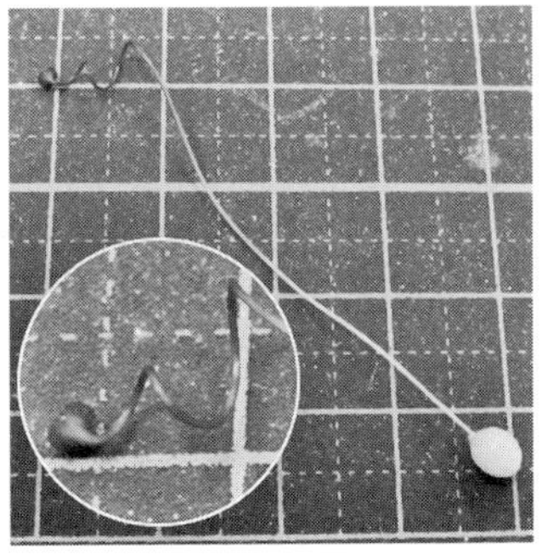

何度も失敗するが，試料が豊富なので，探究心を持続できる。おしべ（5本）もめしべも，外見はよく似ているが，めしべだけは先端が赤っぽく，指先でさわるとくっついてくることもある。受粉を確実にするために，めしべの先端（柱頭）がネバネバしているのだ。子どもたちは，めしべの先端を指先で触って粘着性を実感し，歓声を上げていた。

花弁のように見えるのは実はがく片で，それを取り去ると，花の根元に子房が現れる。この中に，将来種子になる「胚珠」がある。これをゆっくりひっぱると，「めしべの茎」（花柱）が現れる。

さらに注意深くひっぱると，最後にめしべの先端（柱頭）が出現する。この作業も，5年生の子どもには少し難しい。しかし成功すると，「柱頭〜花柱〜子房」が一つにつながっている様子が，よく観察できる。

子どものノートから

・オシロイバナのしぼんだやつから，めしべをひっぱり出すと，と中で切れてしまった。でも3回目でうまく出せて，下のふくらんだところ（たね？）とつながっているのがわかった。

・めしべの先はけんび鏡で見ると，グミみたいにプヨプヨしてるように見えた。指でさわったら，ちょっとくっついた。めしべの先にチョークの粉をつけたら，真っ白になった。

3 美しい花粉の観察

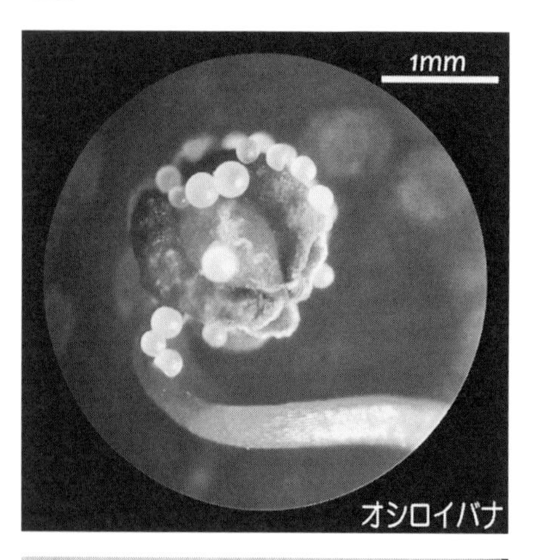

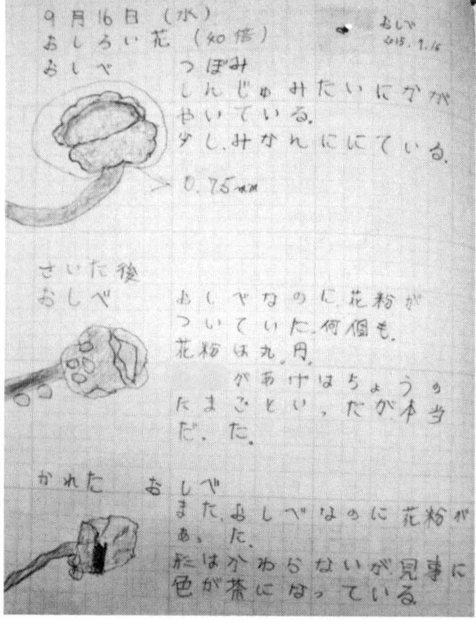

さて，オシロイバナの教材としての最大の魅力は，とにかく花粉が美しいことである。ほとんど真球に近い透明感のある黄色い球だ。オシロイバナの花は，夜間に咲く。蝶ではなく，主として夜行性のスズメガ等を誘引していると考えられる。早朝には開花した花が残っていることもある。天気にもよるが，子どもたちが活動する時間帯には，ほとんどの花はしぼんでしまっている。

しかし，つぼみやしぼんだ花でも，花粉の観察は可能である。むしろ，咲いた後にしぼんだ花では，めしべの先端に花粉がついている様子が観察できて好都合である。受粉後も，おしべに花粉が残っていることが多い。左下写真は，おしべの先端（葯）についた花粉の顕微鏡写真である。子ども自身が，iPad を接眼レンズに押し付けて，一瞬「息を止めて」撮影した傑作である。

・オシロイバナの花粉は，意外とかんたんにみつかった。おしべの先たんに，たくさんついていた。ビー玉のようで，きれい。
・つぼみのおしべを取り出して，けんび鏡でみたけど，花粉は見えなかった。その先たん（やく）をピンセットでつぶしたら，中から花粉がたくさん出てきた。やくは，花粉をためる（作る？）場所だとわかった。
・アゲハのタマゴにそっくりだった。
・しぼんだ花の中にあっためしべには，丸い花粉がたくさんついていた。めしべの先たんは，デコボコが多く，ネバネバしているから，花粉をキャッチしやすいと思う。

オシロイバナの観察は面白い。教師自身も夢中になれる活動だ。真剣に顕微鏡を覗く子どもたちの目も，花粉と同じくらい輝いていた。

ここが大事

何度も何度も挑戦することができるというのは，理科授業にとって重要なことである。数を豊富に用意できることは，一人一人に教材が行き渡るだけでなく，様々な失敗に対応することにもつながる。次はこうやったらうまくいくのではないかと，オシロイバナに向き合いながら試行錯誤を繰り返した末に成功することができる。やっと成功し，顕微鏡を覗き込んで目にした花粉は，グループの誰かにやってもらって見たものとは大きく違うだろう。これは，生命尊重や自然愛護を否定しているわけでは決してない。やみくもにいくつもの花を解剖するのと，大切に思いながらも失敗を繰り返し粘り強く花の解剖を続けるのと，たとえ使った花の数が同じだとしてもそこには大きな違いがあるのだ。

初出：「教材研究一直線（第１回）」『理科の教育』2017年９月号

16 優秀な雑草は優秀な教材へ

カラスノエンドウ

1 「優秀な雑草」カラスノエンドウ

数ある「雑草」の中でも，「カラスノエンドウ」は教材性が高い植物の一つだと思う。カラスノエンドウ（烏野豌豆）の正式な植物名は，「ヤハズエンドウ」（矢筈豌豆）Vicia sativa subsp といい，マメ科ソラマメ属に分類される。

写真は，カラスノエンドウのほぼ全景である。下の方ほど成長していて，上の方ほど若い。

a：花のつぼみ
b：開花中の花
c：しぼんだ花
d：花弁が落ちた状態
e～g：果実の成長過程

花から果実への変化を，1本のつるで，これほど実感できる雑草はほかにないだろう。カラスノエンドウは「優秀な雑草」なのである。

2 成長が速く，花も美しい草本植物

「カラスノエンドウ」（ヤハズエンドウ）は，「越年草」である。冬を越した植物体は，春になると一気に花を咲かせ，数日で豆の鞘をつける。この成長の速さから，かつては食用として栽培されていたらしい。

マメ科の植物は，草本（草花）と木本（樹木）が含まれる。草本の例としてシロツメクサ，木本の例としてフジが挙げられる。いずれも，独特の形状の花をつけるのが特徴だ。上写真は，カラスノエンドウの花だが，まるで蝶が飛んでいるように見えることから，「蝶形花」（チョウケイカ）と呼ばれている。

生命

3 すべてがそろった「完全標本」を探す

子どもたちには，学校を出発する前に，この植物の観察ポイントをレクチャーしておいた。「つぼみ，咲いている花，咲き終わった花，小さな果実，大きな果実」が，すべて1本の茎で観察できる，という特徴である。大学構内にこの植物は，ほとんど無尽蔵に繁茂しているが，できるだけ上記の特徴をすべて備えた標本を採集するように指導しておいた。

カラスノエンドウを見分けるのは簡単だが，完全な標本を見つけ出すのはなかなか大変だ。しかし，クラス全員で20分ほど探すと，続々とよい標本が発見された。この男児が持っている個体も，ほぼすべてが揃っていて，牧野の植物図鑑にそのまま載せられそうだ。これを見ると，根元に近い

ほど成長が進んでいることがわかる。これらは，丁寧に画用紙に挟んで持ち帰り，教室で腊葉（さくよう）標本を作った。

4 子どもが「根粒」を発見！

あるクラスを「カラスノエンドウ群生地」に連れていったとき，ハサミを持参しなかった子どもが何人かいた。その場合，根ごと引っこ抜いてしまうことも多い。そこで一つの発見があった。

「先生，先生，先生（3回が多い），このカラスのナントカ（カラスノエンドウ），根らへん（根のあたり）に，何か丸いのがついてる。これって，ダンゴムシか何かの卵ですよね？」マメ科の根に丸いもの……ははぁ，なるほど！

この子どもが発見したのは，虫の卵ではなく，「根粒（こんりゅう）」と呼ばれるものだ。普通の植物は，大気の成分のうち，二酸化炭素と酸素ぐらいしか利用できない。地球の大気は約80％が窒素（N_2）で，ほぼ無尽蔵にある。窒素は植物の成長に必須元素なのだが，空気中の窒素は利用できずにいる。しかしマメ科の植物だけは例外で，この気体窒素を見事に利用している。根粒菌と呼ばれる土壌微生物が，大気中の窒素を固定して，窒素化合物を作る。その貯蔵場所が根粒である。窒素化合物は植物が利用し，根粒菌も植物から養分をもらう。つまり「共生」の関係にある。

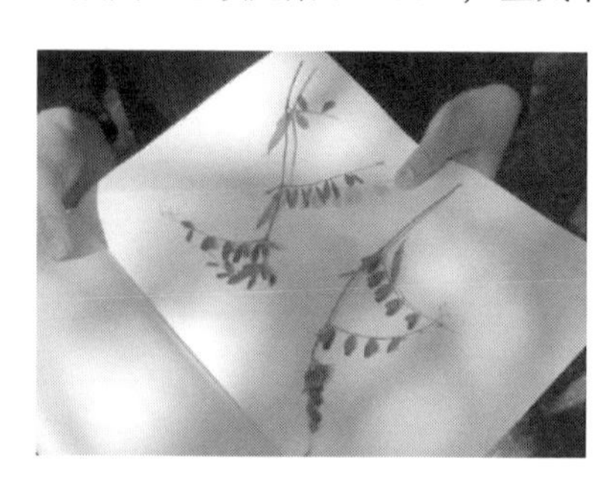

私はマメ科の「根の重要性」を再認識した。根も腊葉標本にするように指示したが，最初のクラスから気付かなかったことを非常に後悔した。

子どものノートから（＊筆者註）

・カラスノエンドウの観察は，とてもおもしろかった。公園とかでもいつも見てる雑草で，今までぜんぜん気にしてなかったけど，今日観察して，花のつぼみから実（豆？）まで，全部１本にそろっていて，すばらしいです。

・根りゅうを初めて見て，おどろいた。最初は虫のタマゴと決めつけていた。でも先生の説明で，根りゅうという，チッソを養分にできるきん（＊菌）がいると知って，もっとおどろいた。

教師自身の振り返り

特別な植物ではなく，ごく普通に道端や公園で見られる植物だからこそ，教材としての価値がある。ほかにも，「カタバミ」「ヘビイチゴ」「タチツボスミレ」などは，それぞれ面白い特徴があり，教材性が高いように思う。春の野外を歩くとき，教師は常に「雑草レーダー」を作動させておく必要があると思った。

ここが大事

カラスノエンドウは，一つの植物で，つぼみから花，そして実から種子までの過程を観察することができるため，成長の過程で起こる変化をつかみやすい。さらには，カラスノエンドウのよい標本を探しながら，この辺りは成長が速いな…というように，場所による成長の違いを感じることもあるだろう。もし校内にあって定期的に観察することができれば，成長の変化をより捉えやすい。「完全標本」は，観察する際の基礎資料ともなるだろう。

初出：「教材研究一直線（第20回）」『理科の教育』2019年4月号

17 探究力を高める教材

豆モヤシ

1 「豆モヤシ」の教材性

「モヤシ」（萌やし）は，大豆や青豆を，水だけで発芽させた「発芽作物」の一種だ。豆（子葉）のついた状態の豆モヤシと，子葉のないモヤシが市販されている。この子葉付きの豆モヤシは教材性が高く，優れた実験材料になり得る。

「豆モヤシ」は，豆（子葉）の部分が固く，栄養もあまりないので需要は少なく，大きなスーパーに行かないと入手できない。しかし，この「栄養があまりない」ということが，実は学習材としては大きな意味をもつのだ。

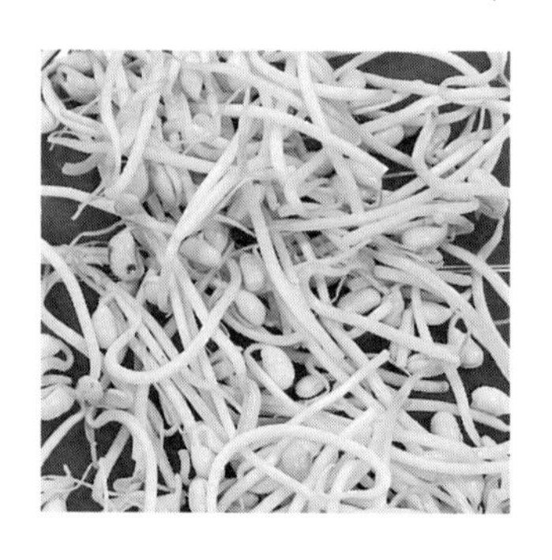

左の写真は，スーパーで買った豆モヤシである。200g入りで90円だった。これで1学年分の実験に十分足りるので，安価な教材と言える。

豆モヤシのパッケージには「大豆から作ったモヤシ」と明記され，生産地も「○○産業△△工場」などと書いてある。ここでは「大豆を発芽させて作ったモヤシ」ということが，とても重要である。発芽前の大豆と，養分の比較が可能だからだ。

2 大豆と豆モヤシのでんぷん量の比較

発芽前の大豆と，発芽後の大豆（豆モヤシ）の養分（でんぷん量）を比較する研究がスタートした。私の場合，研究課題を設定して，学習材や安全に関する指導を終えると，あとは各研究所（班）に研究を任せることが多い。

右の写真は，実験に使う材料を選んでいるところである。発芽前の大豆は，一晩水に浸けてやわらかくしたものを用意した。豆（子葉）付きのモヤシは，どの子どもも慎重に選んでいた。モヤシは収穫時や輸送中に，茎が折れてしまっているものが多い。子葉から根の先まで完全なものは，意外にも少ないのだ。

実験材料や器具が揃うと，さっそく研究に取りかかる。滴ビンのスポイトの先が，豆に直接触れないように，慎重にヨウ素液を滴下させる。薬品を使った実験は，5年生では初めてなので，やや緊張気味だった。

右の写真はヨウ素液をかけて約3分後の写真である。反応の差は，一目瞭然である。発芽前の大豆は青紫～黒く染まっているのに対し，発芽後のものは，ほとんど染まっていない。発芽前の種子をよく見ると，種皮付近には反応がなく，中心付近がよく反応している。また，でんぷんの多いところと少ないところが，まだら状に分布していることもわかる。その後何度も実験を繰り返すうちに，子どもたちが面白いことに気付いた。

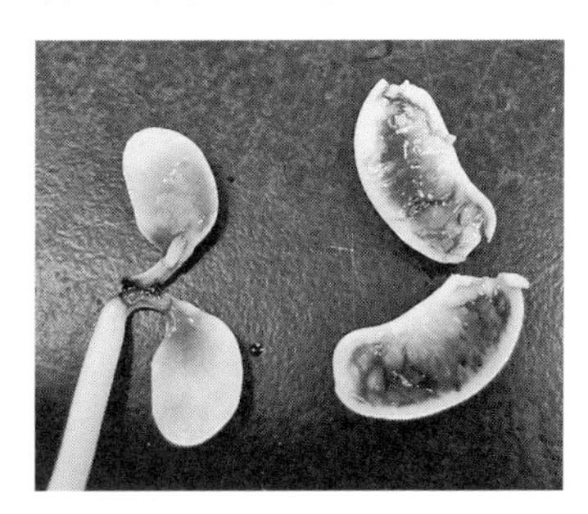

3 モヤシの長さによる子葉の養分の違い

ヨウ素液の反応（ヨウ素－でんぷん反応）について，教科書や参考書では「青紫色に変化する」と記述しているものが多い。しかし，実際にやってみると，「薄い紫色」から「ほとんど真っ黒」まで，様々な段階がある。これは，細胞の中に，どれぐらいでんぷんが存在するか（残っているか）による，変色密度の違いである。ヨウ素液に反応して染まるのは，種子の細胞ではなく，細胞の中のでんぷん粒だけである。したがって，単位体積あたりのでんぷん密度が高いほど，全体としては濃い色に見えるわけだ。この実験でも何度も試すうちに，選んだ豆モヤシによって，反応に違いがあることに，子どもたちは気付き始めた。

子どものノートから（＊筆者註）

・モヤシの豆のところ（＊子葉）に，でんぷんがほとんどないのと，少し残ってて，ヨウ素液で色が付くのがあります。
・モヤシの長さによって，色が違ってるみたいです。

これは，非常に重要な「気付き」と言える。モヤシは製造過程で，肥料も光線も与えていないので，種子の中の養分と水だけで育っている。つまり，長いモヤシは，子葉の養分を使い果たしているが，短いものはまだ残っているのではないか…ということに，子どもたちは気付いたのだ。

そこで，各研究所（班）で，もう一度豆モヤシの袋の中身を確かめてみた。確かに，いろいろな長さのものが混在していることがわかった。

自分たちで育てた種子から，様々な成長過程のものを用意することは難しい。しかし，豆モヤシは安価で，一袋の中に何百本も研究材料が入っているので，様々な発芽状態（成長過程）のものが一気に手に入る。「種子の養分が発芽に使われて減ってゆく」ということを調べるのには，実に都合のよい素材と言えるだろう。

4 ノートに見る理解と混乱

左の写真の左側が「短いモヤシの子葉」右側が「長いモヤシの子葉」である。反応の違いがよくわかる。しかし，子どものノートには，「理解」と「混乱」が同居していた。この点は少し説明が必要だった。

子どものノートから（＊筆者註）

・モヤシはのびていくと，栄養をたくさん使うから，種子のでんぷんがへっていって，（＊ヨウ素液で）黒くなくなるのだと思う。
・短いモヤシは，根と種子が近いので，ようそ液をたくさんすい取れるので，黒くなりやすい。つまりでんぷんもたくさん使われている。

教師自身の振り返り

教科書では，インゲンマメなどを使って，発芽前の種子と発芽後の種子（子葉）のでんぷん量の違いを調べる実験を扱っている。豆モヤシを使うことによって，発芽途中の様々な段階のでんぷん量を調べることができる。このことで，子どもの活動が，単なる「実験」から「研究」へと高まり，学びに広がりが見られたように思う。私は理科の学習で育成すべき大切なことの一つに「探究力」があると思っている。探究力は，個々のもっている探究心を，学級レベルで高め合うことで育ちやすい。教科書通りの学習材にとらわれず，豆モヤシのような「探究力を高める」教材を，今後も研究したいと思う。

ここが大事

モヤシは発芽した種子であり，根，茎，葉にはっきりと目を向けることができる。普段見ているものではあっても，そのような視点で見たことがないため，子どもたちは驚くだろう。さらに，大きい順に並べていくと，成長の違いにも目が向き，入っているでんぷんの量の違いにも気付くことができる。そこには「量的・関係的」な見方が働いているといっても過言ではないだろう。

初出：「教材研究一直線（第2回）」『理科の教育』2017年10月号

生命

18 花粉の大きさを調べるには？

植物の花粉

1 小さな花粉の大きさを測定する

スギやヒノキそれにシラカバといった植物の花粉（風媒花粉）は，火山灰の微粒子程度の大きさしかない。火山灰は，時に地球を一周するほど遠くまで飛散するが，花粉も同じである。春先の花粉が多い時期には，大気中の花粉が太陽光を回析させて，「花粉光環」という現象を起こすことさえある。（左写真；2018年3月下旬／都内で撮影）

様々な植物の花粉の大きさを測定することは，意味ある活動と言える。しかし，目盛付きのスライドのような特別な器具を使わずに花粉の大きさを測るのはかなり難しい。そこで私は，以下のように指導した。

・花粉のプレパラートと，ものさし（1mm目盛のある透明なもの）を目から同じ距離に置く。

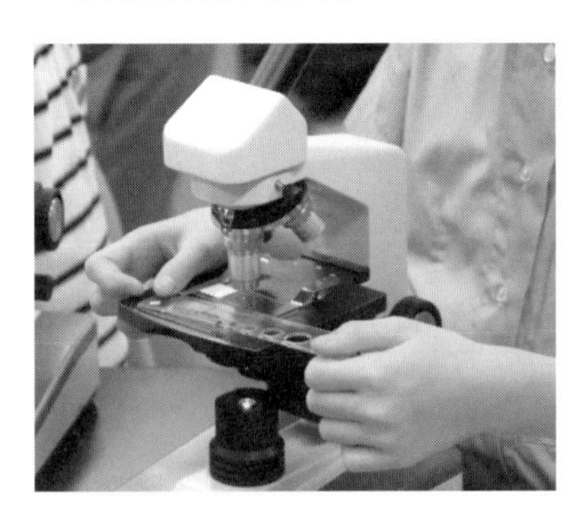

・片方の目で接眼レンズを，もう片方の目でものさしの目盛りを同時に見る。
・慣れると両方の視野が重なって見える。
・その状態で，花粉の大きさ（長径）を測定する。
・顕微鏡の倍率は，「面積」ではなく

「長さ」の倍率である。測定した大きさ（実測値）を倍率で割れば，花粉のおよその大きさ（直径）がわかる。

2 花粉とものさしの目盛りを重ねて見る

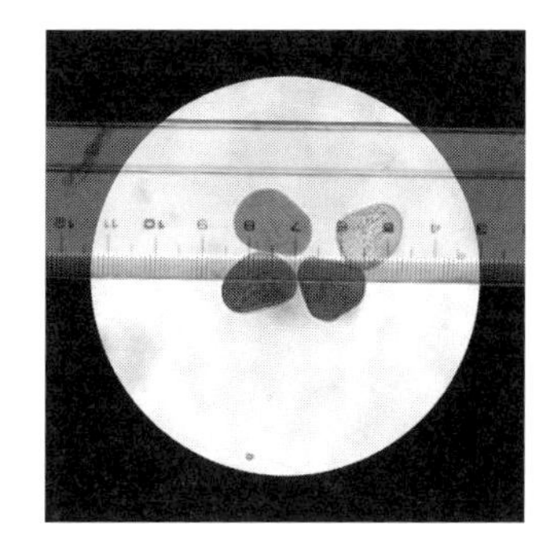

最初は，右目と左目の視野を重ねて見ることは難しい。しかし，少し慣れてくると，左の写真のようなイメージで，ものさしの目盛りと花粉が重なって見えるようになる。この写真の例では，花粉の直径は約 15mm，倍率は 100 倍である。15mm÷100＝0.15mm で，花粉の実直径は約 0.15mm 程度とわかる。

3 花粉カフェテリア

この活動で，子どもたちに一番実感してほしいことは，「平均的に見て，虫媒花粉よりも風媒花粉のほうがずっと小さい」ということである。そこで，マツ・スギ・トウモロコシ・イネ・アサガオ・カボチャ・ユリの 7 種類（風媒 4 種，虫媒 3 種）をクラス全員で観察し，花粉の大きさのデータをできるだけ多く集めることにした。どの花粉から観察するのも自由だが，風媒花粉と虫媒花粉の両方のデータを多く採るために，交互に観察させた。

最初は，花粉と目盛りの視野を重ねることに苦労していたが，次第に慣れて，非常に多くのデータが集まった。

生命

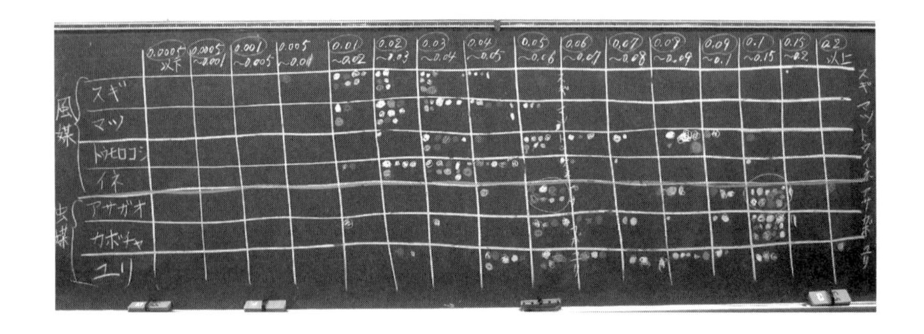

4 測定誤差を回避し，直感で結論を出す

児童用の光学顕微鏡と，普通のものさしだけで，花粉の大きさを測定するという活動では，個々が記録したデータ（実測値）の誤差・ばらつきが大きい。この原因として，以下のことが考えられる。

・顕微鏡画像（拡大視野）と，ものさしの画像（実施視野）を，うまく重ねて見るのが難しい。
・ものさしと目の距離によって，誤差が生じる（近くに置くほど，実測値が小さな値をとる）。
・花粉の大きさそのものが違う（特に虫媒花）。
・小数の計算ミス（例えば，桁を一つ間違える）。

こうした，個々のデータの誤差・バラつきを回避するには，できるだけ多くのデータを集めて，それをわかりやすく集計することが大切である。そこで，黒板に大きな表を作って，花粉の種類，実測値（花粉の大きさ）の範囲ごとに，自分のデータをプロットさせた。数字ではなく，マークで書かせることがポイントだ。

完成した表を見ると，直感的に虫媒花粉のほうが大きいとわかる。この表は，他のクラスでもほとんど同じ傾向だった。トウモロコシやユリの実測値にバラツキが大きいのは，実際に大きさが様々で，楕円形をしているからである。

子どものノートから

・わたしは最初，じょうぎのメモリと花粉がぜんぜん重ならなくって，イラついていました〰〰〰。（中略）トウモロコシの花粉と，じょうぎのメモリが重なって見えた時は，ワオ！　とさけんでしまいました。練習に時間がかかったので，2時間で3種類しか，大きさをはかれませんでした。でも，自分で花粉の大きさをはかるのに成功したので，すごくまん足です。

・ぼくが測ったスギの花粉の大きさだけが，なぜか，0.15〜0.2mmのところに，かけはなれていました。全員の表を見て，割り算を一けたまちがえていたと，やっと気づきました。

教師自身の振り返り

自分たちで苦労して集めた多くのデータから分析し，花粉の謎を探究する。こうした研究手法は，花粉の大きさの測定に限らず，自然科学の研究手法の基本と言える。一人の子どもの測定データからは結論を導けないことも，クラス全体でデータを集積することで，傾向がわかる。このような探究方法の面白さも，子どもたちは実感してくれたように思う。

ここが大事

教師は，あらかじめ子どもたちに気付いてほしいことを明確にしておき，その方向へ探究が深まっているかどうかを気にしながら授業を進めていくことが大切である。今回で言えば，子どもたちに気付いてほしいことは，風媒花が虫媒花よりも小さいということと，データを多く集めると傾向が見えてくることである。内容だけでなく，そのプロセスにおいてデータの量や質について考えるということは，このような取り組みの中で培っていくのが有効だろう。

初出：「教材研究一直線（第11回）」『理科の教育』2018年7月号

19　アメリカセンダングサの知恵

アメリカセンダングサ

1　究極の種子拡散方法「ひっつき虫型」

顕花植物（花を咲かせて種子をつくる植物）は，その種子を拡散させるために，様々な工夫（進化）をしてきた。およそ思いつく方法をあげてみよう。（　　）の中は，その例である。

- こぼれ落ち型（アサガオ）
- 鞘冬越し型（レンゲショウマ）
- はじけ飛び型（ホウセンカ，カタバミ）
- ころがり型（ブナ科の堅果・オシロイバナ）
- 綿毛型（ススキ・ヤナギラン・ガマ）
- グライダー型（アルソミトラ，マツ）
- ひっつき虫型（オナモミ，ヒメセンダングサ）
- 海流運搬型（ヤシ）
- 動物や昆虫の糞混入型（ノブドウ）

中には，人間にとって厄介な種子もある。「ひっつき虫型」の代表格が，帰化植物の「アメリカセンダングサ」である。キク科の一年草で，道端や空き地などで見られる，ごくありふれた雑草である。

2　アメリカセンダングサの種子

アメリカセンダングサは，夏～秋に黄色い花を咲かせるが，徐々にたくさんの種子を形成する。

アメリカセンダングサの枝先を袖で少しこするだけで，あっという間にくっついて，振っても取れない。

布への付き方をよく見ると，ほぼ 100 %，2 本のトゲのほうが刺さっているのがわかる。もし，トゲが普通の形状なら，刺さるには刺さるだろうが，布を振れば抜けるはずである。目を近付けて見ると，トゲの表面に，さらに小さいトゲがついている。私は 3 学期の授業で使おうと思い，晩秋に熟した種子を大量に採集しておいた。

3 顕微鏡でトゲの仕組みを解明する

アメリカセンダングサの種子には，2 本のトゲがついている。このトゲが袖やズボンに刺さる。先端が尖っているので，刺さりやすいことは確かだ。しかし，普通のまっすぐなトゲだったら，すぐに抜けてしまうはずだ。子どもたちと顕微鏡で観察すると，その秘密がすぐにわかった。

右下の写真は，100 倍・透過光の顕微鏡写真である。太いトゲの表面に，小さなトゲがびっしりと付いている。しかも，その向きが刺さる方向とは逆である。その小さなトゲは，先端ギリギリまであるので，布にちょっと触れただけでも落ちないのだ。小さなトゲは透明で，いかにも硬そうだ。太いトゲの長さは

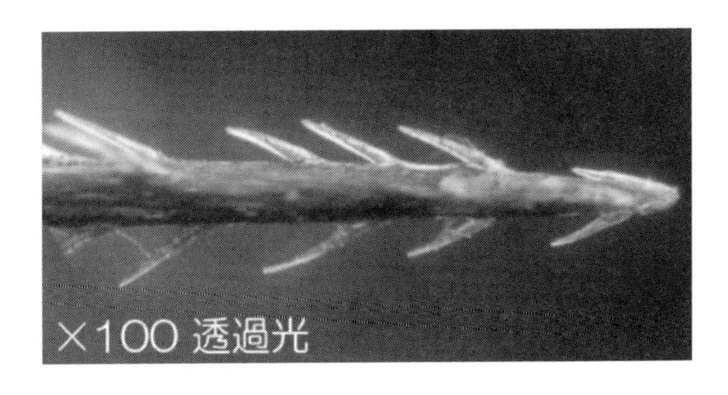

2mm，小さなトゲの長さは0.1～0.2mm程度しかない。これなら，動物の毛にも絡み付きやすいだろう。

4 実際に布に刺して実験する

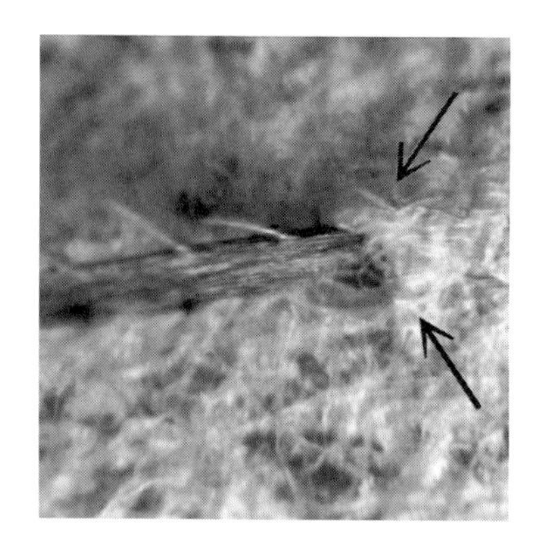

「ささったら抜けない」ということを実感するために，アメリカセンダングサのトゲを実際に布に刺してみた。布は，見た目や感触では凹凸はほとんどない。しかし顕微鏡で見ると，糸が縦横に織られ，そのすき間にトゲが刺さっていることや，（→）の部分に，小さなトゲが突き出しているのがわかる。

さらにピンセットで引っ張ってみると，小さなトゲに，細い繊維がからまってくる。自然の中で動物の柔毛に付く場合も，こんな感じなのだろう。

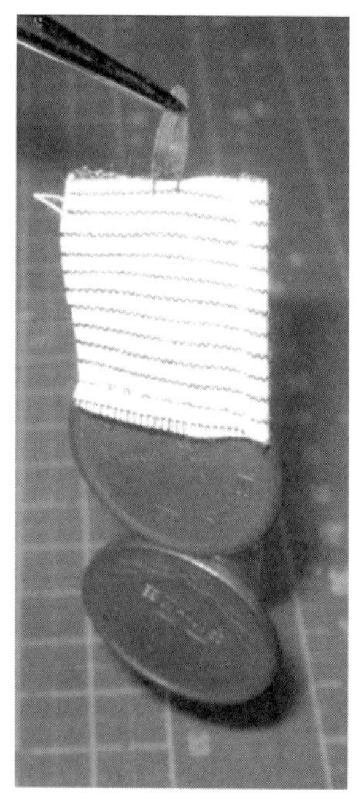

最後に，トゲの耐重量を実験してみた。右上の写真は，アメリカセンダリグサのトゲ（1本だけ）を，布に刺して，10円玉をぶら下げてみたところだ。10円玉2個の重量に軽々と耐えている。種子1個の重量は0.1gにも満たないだろう。一旦刺さった種子は，振動や風ぐらいでは簡単には抜けないことが，この実験でもよくわかった。

実は，種子本体のほうを顕微鏡で観察すると，やはり小さな突起（小さなトゲ）が密集していることがわかる。しかし，刺さるトゲとは，逆向きに付いている。一旦，人間の服や，動物に付着した種子が，別のものに触れたとき，本体の小さなトゲに引っかかって落ちるのだろう。小さな種子に備わった，まったく驚くべき仕組みである。

子どものノートから

・秋や冬にかれ草の中を歩くと，ズボンとかにくっついてくるタネは，これとわかった。けんび鏡で見たら，すごいするどいトゲがびっしり生えていて，おどろいた。

・ただトゲが生えているだけではなくて，ささる方向とぎゃく向きにトゲが生えているのがすごいと思いました。これならささったら，ぜったいにぬけないわけです。

・植物の知恵はすごいと思った。

教師自身の振り返り

植物に思考能力（知恵）はないはずだ。つまりこれは気の遠くなるような長期間の進化の結果，子孫を残すために獲得した，最適の形状なのだ。アメリカセンダングサは北アメリカ原産の野草である。海を渡って，大正時代にはすでに日本で発見されている。渡航した人物の服や荷物に付いて，日本まで来たのだろう。海を渡って島国に帰化できたのも，この種子の形状のおかげである。子どもたちと観察，実験をして，「植物の知恵」を実感した。

ここが大事

アメリカセンダングサの種子がどのくらいの力に耐えることができるのか，10円玉の枚数で数値化していく実験を通して，どの個体も同じように耐えられるのか，それとも個体差があるのかが，複数の結果から見えてくる。また，他の種ではどうか，ツタのように茎がくっつくようなものの仕組みは？というように，「共通性・多様性」の見方を働かせ，視野を広げていくこともできそうである。

初出：「教材研究一直線（第15回）」『理科の教育』2018年11月号

生命

20 メダカの卵の殻探し

メダカの卵

1 卵の殻が透明であることの利点

メダカの卵や稚魚を顕微鏡で観察する活動は，5年生の子どもたちに多くの学びをもたらす。ニワトリの卵（有精卵）で，卵の中で成長するヒナの様子を観察するのは難しい。殻が不透明で，特別な方法を使わないと中の様子を見られないからだ。

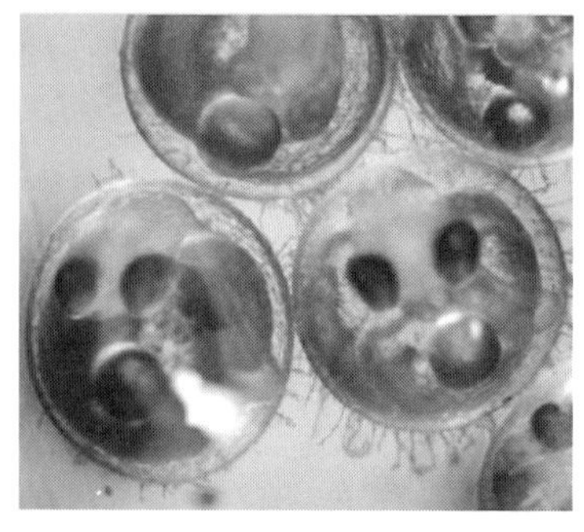

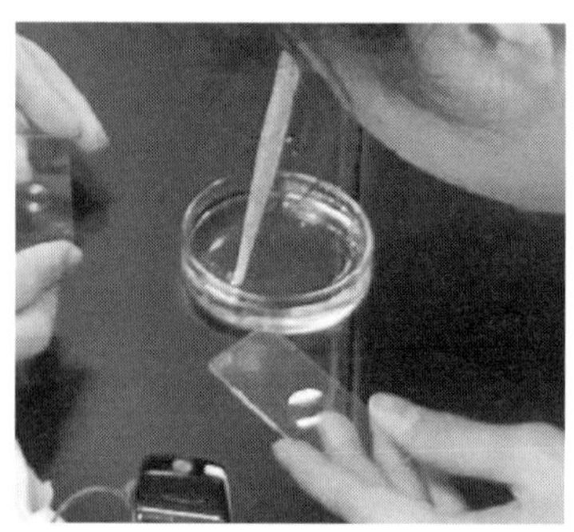

しかしメダカを含めた魚類の場合，卵の殻も，その中の稚魚も，孵化したばかりの稚魚も透過性が高い。透明に近いので低倍率の顕微鏡で，卵の中の様子や稚魚の体の中の様子まで観察できる。解剖しなくても，観察対象の命を奪わなくても，生きた状態で観察できるところが最大の魅力だろう。

メダカの卵や稚魚を観察する方法として，教科書では「解剖顕微鏡」や「双眼実体顕微鏡」を推奨している。しかし本校では，毎年数台ずつ購入した光学顕微鏡を使って，卵や稚魚の観察をさせている。現在5年生は1クラス27名なので，「顕微鏡1人1台」が実現している。とてもありがたいことだ。

2 メダカの受精卵を慎重に観察する

メダカの卵は，親メダカに産ませて，それを観察させるのが理想である。しかし，指導計画の中で，「受精後何日」という卵を用意するのは容易ではない。私は迷わず専門の業者から購入している。ホームページで注文するのだが，「受精直後」「受精後３～６日」「孵化直前」などが選べ，学校への宅配日も指定できる。抗生物質や稚魚用の餌，専用スポイトなども同時に注文でき，誠に便利である。授業まで間がある場合は，冷蔵庫に入れて水温を下げることで，成長速度を調整できる。

メダカの卵は，小さなシャーレに入れて配付する。一つの研究所（班）は３～４人なので，10個ぐらいずつ配付し自由に観察できるようにしている。子どもたちは，まず肉眼で観察し「目がある！」と気付き，慎重に専用スポイトで採取する。卵をつぶさないように，スポイトを斜めに入れることが大切だ。

3 卵の中のメダカの心拍数を測る

メダカの卵の観察で一番面白いのは，心臓の動きだろう。魚類の心臓は一心房一心室なので，血液の流入・流出がわかりやすい。卵殻も中の稚魚の体，それに内臓も透き通っているので，中の血流や血球まで観察できる。

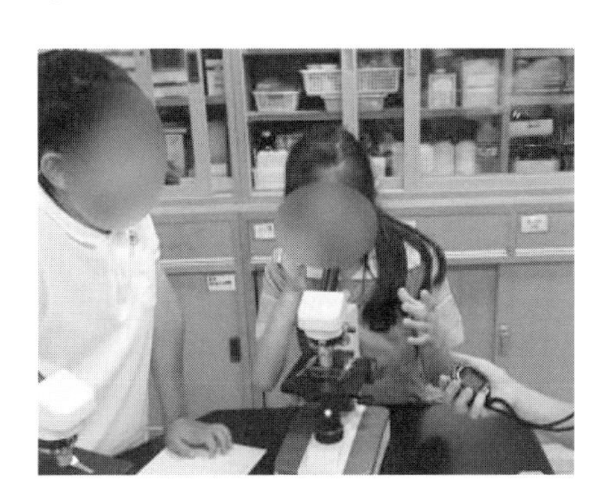

右の写真は，メダカの心拍数を計っているところである。手のグーパーで心臓の動きを真似ている。これは特に方法を教えなくても，自然に始める行動である。

このような心拍を真似る行動が見られたら，適当なタイミングでストップウォッチを渡せば，１分間の心拍数を計ることができる。ヒトのように腕の動脈の脈（拍動）を測定するのと異なり，直接心臓の動きを見ながら測定できるところが面白い。心拍数はヒトよりもずっと速く，孵化直前では毎秒 180 回にもなる。

4 メダカの孵化の一瞬

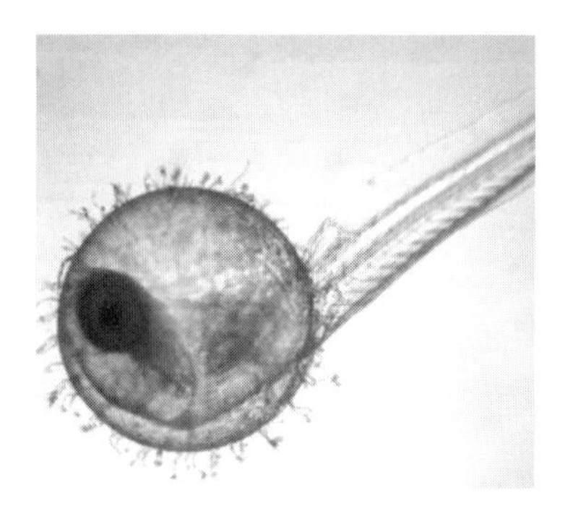

活動中に，運よくメダカの孵化の一瞬に立ち会えることもある。しかしこのタイミングでスポイトで吸い上げるのは，あまりよくない。背骨を骨折させてしまうことが多いからだ。その場合は，薬さじの細いほうを使って，教師がスライドに載せるのがよい。孵化は尾から始まり，ほんの数分で完了してしまう。

卵殻の中でも心臓は動き，既にメダカの生命活動は始まっている。ヒトの胎児と同じである。メダカの卵の中の「命」を観察することで，その後に学習する「ヒトの誕生」に思考をつなげていくことが，非常に重要である。

孵化した稚魚は，ホールスライドグラスの 1 滴の水の中でも，非常に盛んに動き回る。卵の中のメダカと異なり，観察は非常に難しくなる。しかし，そこが重要なポイントだ。その「観察のしにくさ」こそ，メダカの成長の証なのである。

5 メダカの卵の殻を探す

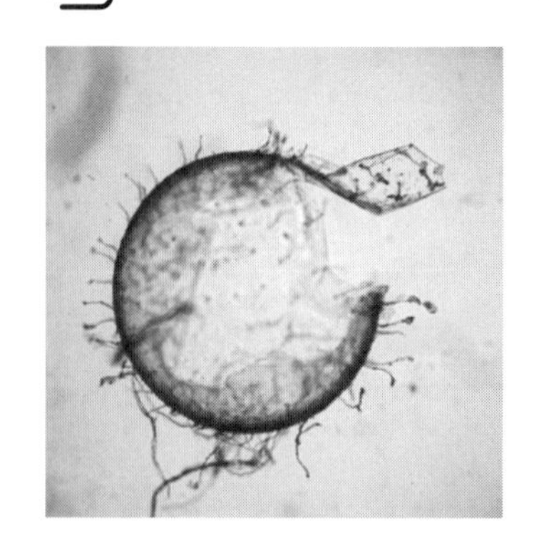

こうした観察を繰り返すうちに，子どもたちは面白いことを言いだした。チョウや鳥と同じように，メダカの卵の殻も残っているはずだ，と言うのだ。これは，新たな視点だと思った。

よく観察すると，班ごとにシャーレで配った卵の中から，時々完全に透明なものが見つかる。既に孵化した後の殻である。

子どもたちは，このメダカの卵の殻を器用に探し出し，顕微鏡で観察していた。「ホントだ！　空っぽだ！」「メダカが抜け出した穴もある！」「透き通ってる！」と大興奮だった。

子どものノートから

・メダカの卵のいろいろな段かいを観察できた。特におもしろかったのは，まだ卵の中にいるメダカの心ぞうの，心ぱく数を数えるところ。あと，メダカの卵にもぬけがらがあって，ち魚が出た穴もあって，とてもおどろいた。

・メダカの卵のカラをさがすのは，とても大変だった，小さいし，とう明だし，ゴミとまちがえそうだった。でもそれらしきものをスポイトですって，けんび鏡で見たら，卵のカラだった。チョウとちがって，メダカはおなかに栄養があるから，自分の卵のカラを食べない。

生命

教師自身の振り返り

直径わずか 1mm のメダカの受精卵。その中で既に生命は始まっており，殻が透明なので，その血流や鼓動を顕微鏡で観察できる。子どもたちの探究心を揺さぶり，観察に夢中になるのは，「そこに生命がある」という実感からだろう。最後には，その「カプセル」である卵の殻まで観察させることが重要なのだと，私は子どもたちから学んだ気がする。

ここが大事

十分に観察する機会をもつことで，子どもたちはメダカをより身近に感じることができる。卵の中にある栄養を利用して少しずつ大きくなったり変化したりするのは，5年生で学習する種子の発芽と似ている。生物の誕生にはそれぞれ差異があるものの，最初は中にある栄養を利用して成長するという共通点があることを見いだし，ヒトはどうだろうかと視野を広げていくことができるだろう。

初出：「教材研究一直線（第 21 回）」『理科の教育』2019 年 5 月号

21 気孔の探究

ツユクサ・イチョウ・レタス・キュウリ

1 気孔の観察と言えばツユクサ

6年生の「植物の成長と水の関係」の単元では，気孔の観察が重要な活動の一つとなる。気孔がなければ，酸素や二酸化炭素の交換もできない。また蒸散作用もできないので，根から水や養分を吸い上げることも難しくなる。気孔の観察は「気孔とはどんなものか？」というよりは「葉の表面には本当に気孔というものが存在しているんだ！」という発見が大切だ。

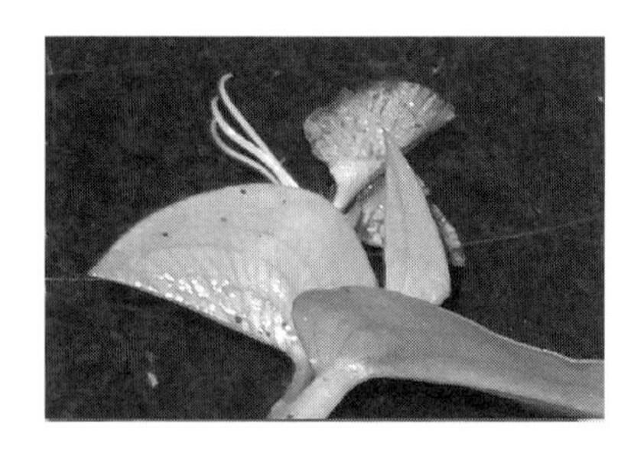

気孔の観察が最も容易な植物はツユクサ（露草）だろう。道端や公園など普通に見られる雑草で，6～7月の東京では，特に栽培しなくても簡単に入手可能な学習材だ。

2 ツユクサの教材性

ツユクサが気孔の観察に適しているのには，二つの理由がある。一つは，葉の表面の薄皮（表皮）が容易にはがれること。もう一つは，誰が見ても「気孔」とわかり，顕微鏡での観察が容易なことである。100倍程度の倍率で「気孔の大合唱」が見える。六角形や五角形の細胞の中に，厚い細胞壁に

囲まれた気孔がたくさん見えるのが，前ページの写真でもわかるだろう。気孔だけが「太字強調」されたようで，見間違えることはない。まるで，小学生に観察されやすいように，特別に進化したかのようにも見える。子どもたちは，教科書に載っている気孔の写真と同じものが，自分の顕微鏡でも見えたことに，素直に感動する。

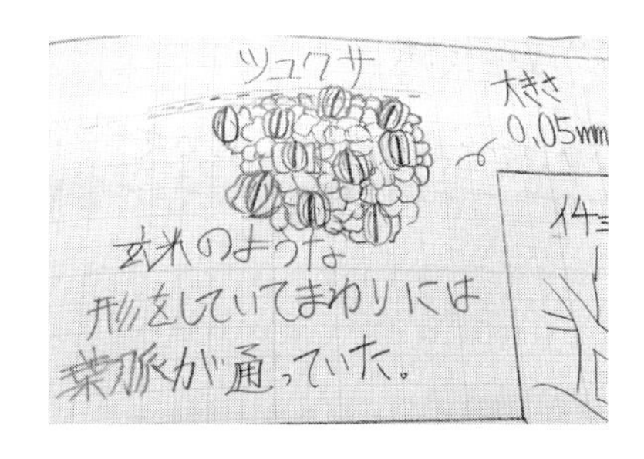

子どものノートにも，ツユクサの気孔の観察結果が記録されている。観察文は非常に短く簡潔だが，「玄米のような形」「周囲に葉脈が通っている」など，短い文章ながらなかなか視点がよい。

3 「孔辺細胞」にも見られる葉緑体

さらに倍率を上げると，気孔の微細な構造も見えてくる。気孔は縦につぶしたドーナツのような形状だ。上下二つの細胞で構成され，これらを「孔辺細胞」と呼ぶ。孔辺細胞とそれに囲まれた孔を合わせたものが「気孔」である。よく見ると，孔辺細胞の中に，緑色の丸い（実際は球状の）粒がたくさん見える。これは「葉緑体」である。もともと気孔は，主として光合成を促進するために存在する。気孔はそのために，酸素・二酸化炭素・水蒸気などを出し入れし，必要に応じて開閉までしている。その仕事の傍ら，自らも光合成を行っているわけだ。

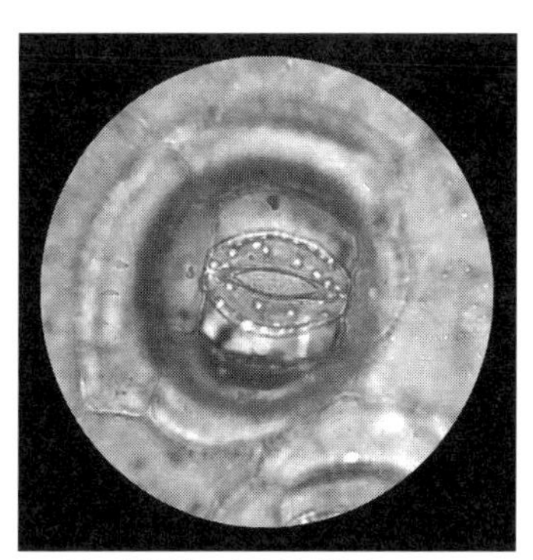
×400，透過光・反射光併用

子どものノートから（＊筆者註）

ツユクサの葉をちぎったら，とう明なうすい皮が簡単にとれました。最初40倍で見たら，黒っぽいつぶつぶがたくさん見えました。100倍にしてピントを合わせたら，くちびるみたいなものがたくさん見えて，歌をうたってるみたいでした。400倍はピント合わせが大変でした。でも気孔のサイボウ（*細胞）の中に黄緑のつぶが見えて，先生に見てもらったら先生がさけび声をあげてました。先生はこれは「葉緑体」というもので，「光合成」を行っていると教えてくれました。気孔のサイボウでも光合成をしてるなんて，働き者だと思いました。

4 あえて「剥がずに」気孔を観察してみる

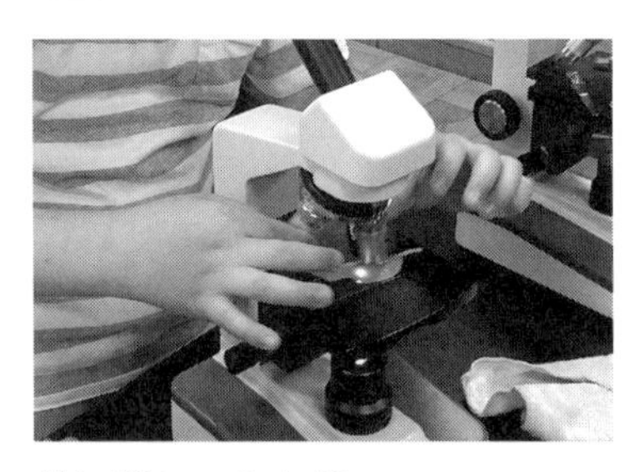

ツユクサに限らず，植物の葉の気孔を観察するときは，表皮（薄皮）を剥いで検鏡するのが常識だ。葉のままで観察すると，顕微鏡の透過光が通りにくい。また，光が通ったとしても細胞同士が重なっていて，気孔の判別が非常に難しいからだ。

ところが，ある研究所（班）が，葉をそのままステージに載せて観察していた。「先生，これでも気孔がはっきり見えます！」と言う。私は「そんなバカな…」と思ったが，顕微鏡を覗かせてもらって驚いた。気孔が見えたのだ。

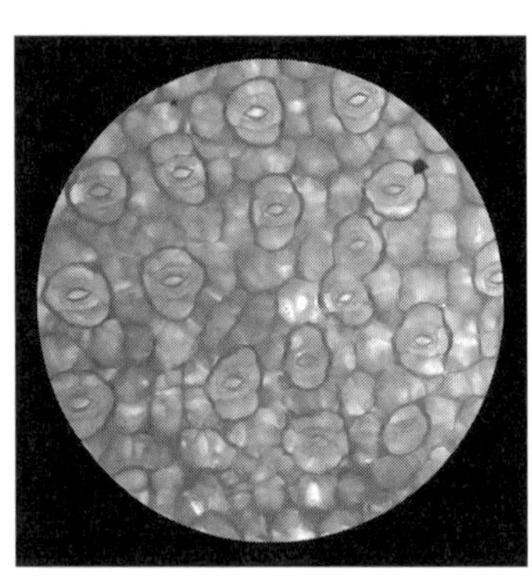

×100

左の写真が，葉をそのまま観察した様子である。葉の裏側なので，どれが気孔かよくわかる。その班によると，「葉の裏にはたくさん気孔があるけど，表にはぜんぜんない」と言う。

ここまでの振り返り

「教材研究」というのは，教師が授業前に行うものと思われている。私も実際そうしていることが多い。しかし，今回の気孔を扱った学習では，「授業中に教材研究」をしていたような気がする。最も刺激になったのは，子ども自身の発見である。特に生物単元では，子どもたちの行動や発見から教材研究のヒントを得ることが多い。

5 ツユクサの葉の表と裏

私はクラス全員を教卓に集めて，写真のように，表と裏を並べてそのまま顕微鏡で観察するように指示を出した。

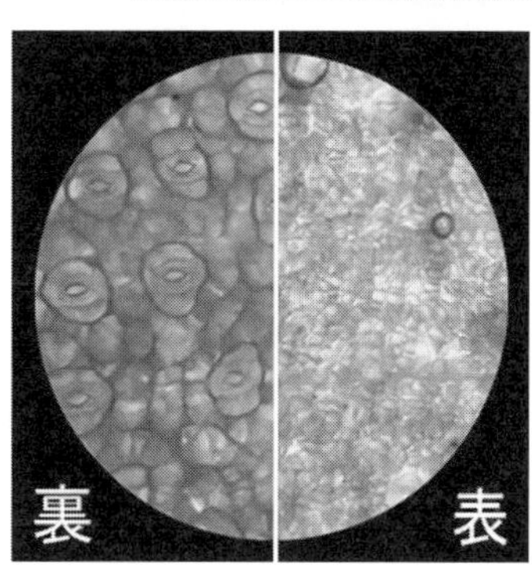

本校の顕微鏡は高価な機種ではないが，LED 光源を装備し，光量の調整も可能である。光量を最大にすると，ツユクサの葉を完全に透過している。

裏と表を比較すると，その違いが歴然である。ツユクサの表皮は剥げやすいが，その薄皮が表なのか裏なのかは判別が難しい。この方法なら確実である。

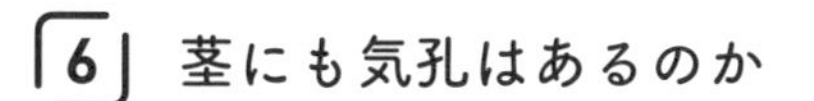

6 茎にも気孔はあるのか

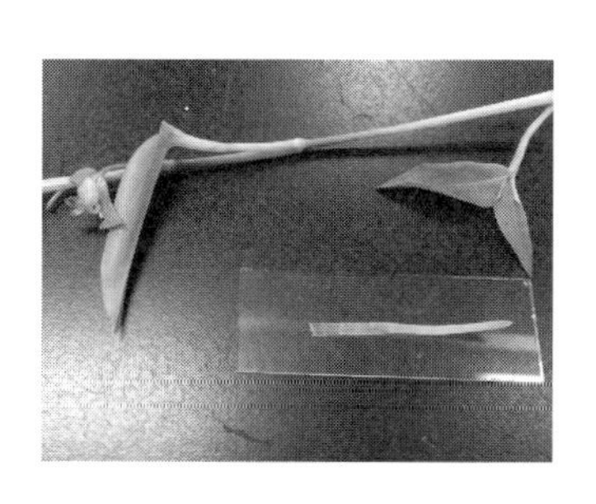

子どもたちの探究心というものは，自動車の対人保険と同じで，基本的に「無制限」である。「ツユクサ」という単一種の観察対象で活動していても，それは感じられた。例えば，ある班は「ツユクサの茎にも気孔はあるのか」という問い

をもった。こうした「連続する問い」は「新しい知との出会い」と言える。授業時間が許す限り，探究させるのが教師の務めだろう。

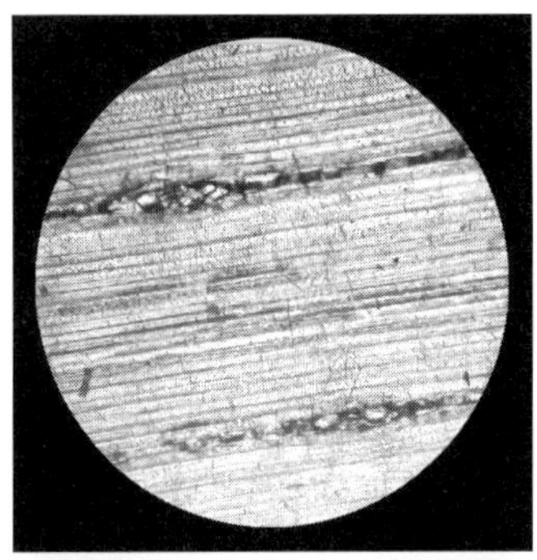

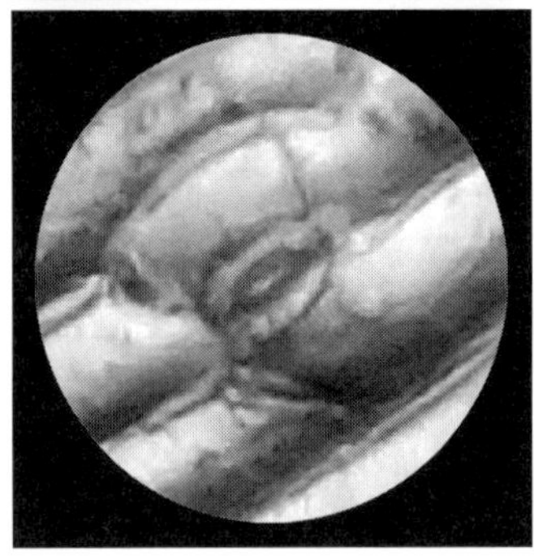

ツユクサは「全身薄皮易剥」という性質をもっているようで，茎の薄皮も簡単に剥ぐことができた。

私も「ツユクサの茎の気孔」は見たことがなかったので，まずは低倍率（40倍）で観察してみた。茎と同じ向きで，何本もの筋（維管束）が並んでいる。倍率を100倍に上げると，その筋のところどころに，「節」のようなものが見えてきた。しかし，それが気孔なのかどうか，判別がつかなかった。

最終的には，子どもたちの方が上手だった。明らかに「気孔」とわかるものが，茎の表皮から見つかった。右の二つの写真は，子ども自身がiPadで撮影したものである。

子どものノートから

2研（2班）では，ツユクサの葉以外の場所にも気孔があるか調べてみようと決まりました。まずくきを調べました。くきも緑色だから，きっと光合成をしていて，気孔があるはずだと思いました。けんび鏡で見たら，やっぱりあった。形は，葉のやつと同じでした。次回は花びらを調べてみたいです。

7 観察が難しい「イチョウの気孔」

ツユクサには葉だけでなく，茎にも気孔があることがわかった。子どもたちは，ツユクサ以外の植物の葉も調べたいと言い出す。これは子どもがもともともっている「探究心」から生まれる当然の興味だろう。

各研究所（班）で協力して，校庭や学校園の周囲から様々な植物の葉を集めてきた。草本（草）だけでなく，木本（樹木）の葉もたくさん混ざっていた。

子どもたちが最も強く興味を示したのは，「イチョウの葉」である。イチョウは「わたしたちの歌」という第二校歌のような曲で歌われ，大学のイチョウ並木のほか，校庭の遊具の上にも何本も植えられている。しかしイチョウは，ツユクサと違って，薄皮（表皮）を簡単に剥ぐことはできない。この班の子どもは，ピンセットの持ち手で，イチョウの葉を梳（す）いていた。葉の表側から慎重に梳いていくと，最後の葉の裏側の薄皮が残るという理屈である。

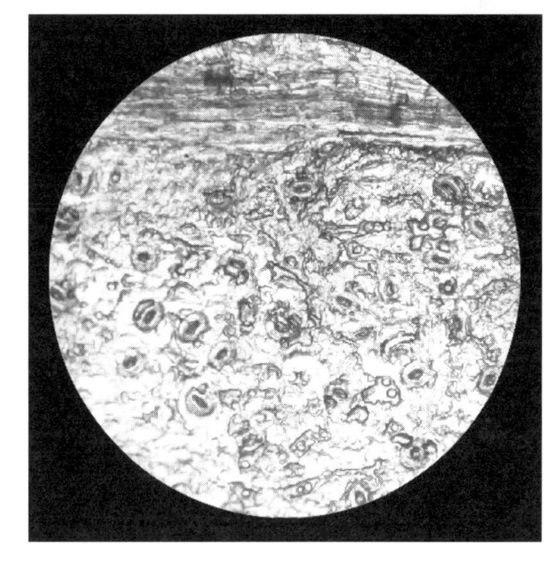

私自身も，イチョウの気孔撮影に苦心していた。葉を梳いているので，孔辺細胞自体も傷付けられ，完全な形状の気孔が見つからないのだ。やっと撮影できたイチョウの気孔は，2つの孔辺細胞が2個連続して，細長い「浮き輪」のように見えた。

ここまでの振り返り

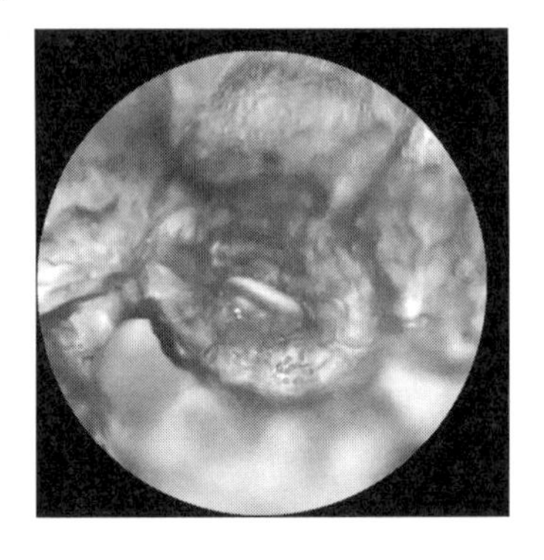

イチョウの葉の気孔は，今回の活動の中でも最難関の観察対象だった。しかし，こうした「困難だが不可能ではない課題」というのは，子どもたちの探究心の導火線の役割を果たす。ついに，明らかに「イチョウの気孔」というものを多数発見した班が出現し，大歓声が上がっていた。たちまち，その班の顕微鏡に大行列ができる。一つの班の「学びの渦」に，学級全体が巻き込まれた瞬間である。

私はさらに大きな「学びの渦」をつくろうと，「こんなものにも気孔があるの？」という意外性のある学習材を提示してみようと思った。

8 レタスの葉の「表と裏」

私は朝食のサラダのレタスを食べていて，ふと「このレタスも葉だから，気孔があるはずだ」と思った。授業で子どもたちに話したら，「探してみたい！」と興味を示した。私は実験室の学習支援員の先生に頼んで，その場でスーパーに走ってもらい，新鮮なレタスを買ってきてもらった。

植物（ハスなどの水生植物は除く）は葉の裏に気孔が多い。このレタス，一体どっちが「葉の裏」なのだろうか。レタスは葉が巻いて結球する。最後

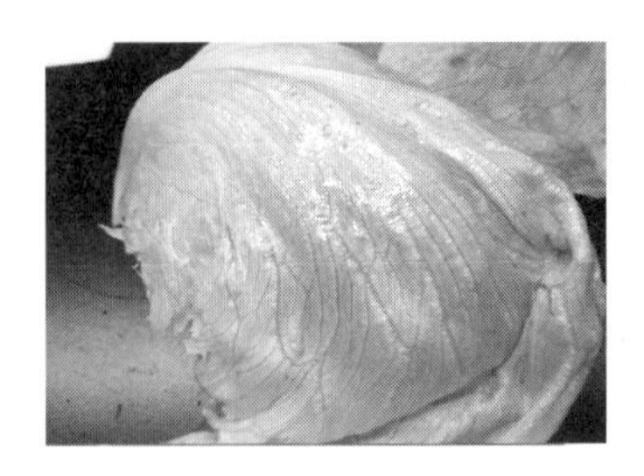

は開いて茎が伸び，タンポポのような黄色い花を咲かせる。キャベツはアブラナ科だが，レタスはキク科だ。キャベツには甘味があるが，レタスに独特の苦味があるのはそのためである。

日本ではレタスはほぼ 100 %生食用で，

野菜サラダには欠かせない食材だ。しかし，中華料理では加熱調理することが多い。加熱によって苦味が減るのだ。

実は，売っている状態で「表」に見えるほうが「葉の裏」である。レタスが成長して，葉が開いた状態を想像すれば，このことは容易に理解できる。

レタスの葉も柔らかいので簡単に裂くことができ，比較的容易に薄皮（表皮）を分離させることができる。

右が表皮を剥離した状態。乳白色で弾力性があり，このままスライドに置いて，その後に周囲をハサミかカミソリで切るとよい。さて，普段食しているレタスでも，気孔は観察できるのだろうか。

9 レタスの「気孔」を顕微鏡で観察する

私も子どもたちも，レタスの気孔は「存在はするだろう」とは思っていたが，意外にもしっかりした気孔が観察できた。顕微鏡で観察すると，レタスの葉の表皮には，細長い細胞が行儀よく並んでいた。タマネギの細胞に似ている。その細胞と同じ方向に，気孔もたくさん見つかった。他の細胞に比べると，かなり小さいのがわかる。気孔を囲む孔辺細胞も，その中にある葉緑体もよく見えた。

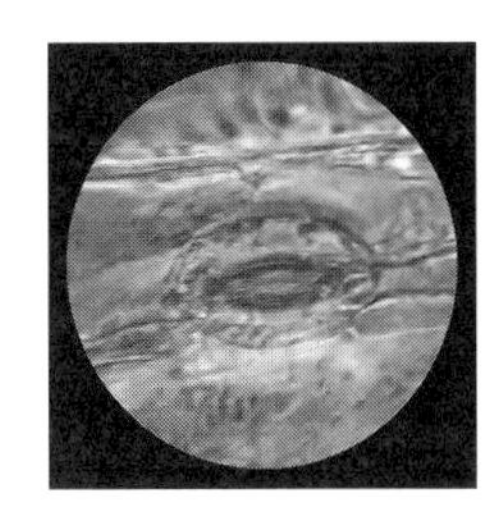

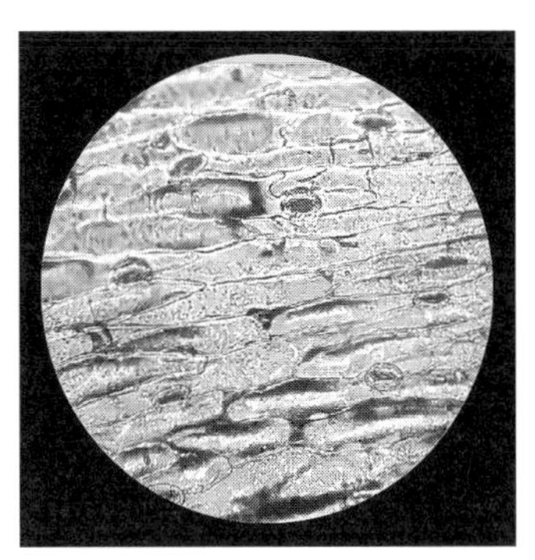

10 「レタスの芯」にも気孔はあるのか？

ある研究所（班）の子どもが，「レタスの芯にも気孔はあるのか」という課題を提案してきた。これは「新しい問い」である。レタスの芯は，白く硬

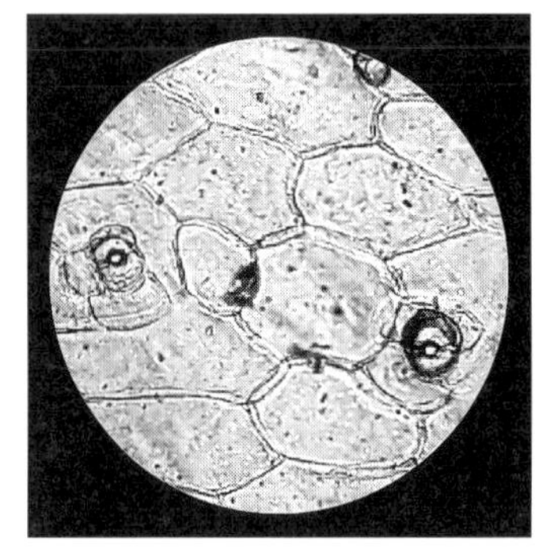

いので，私は気孔はないだろうと思ったが，時間が許す限り（実はこれが大問題なのだが），子どもの探究心を阻害する理由は何もない。芯は硬いが，その表皮は簡単にはがすことができた。子どもたちはさっそく顕微鏡で観察していた。

まず，芯の部分は細胞の形と大きさが違う。細長い細胞はなく，全部小さくぎっしりとハニカム構造で詰まっている。芯が硬い理由は，こうした細胞の並び方にあったのだ。数こそ少ないが，小さな丸い気孔も見つかった。

11 「キュウリ」にも気孔はあるのか？

植物の気孔は，気体（酸素，二酸化炭素，水蒸気など）の出し入れのためにある。葉緑体の存在する「緑色の部分」であれば，たとえ葉でなくても，気孔は存在するはずだ。私は「カラスウリ」の果皮で気孔を観察したことがある。それほど難しくはなかった。そこで同じウリ科の「キュウリ」の果皮から気孔を探す活動を試みた。キュウリの気孔もカラスウリと同じように簡単に見つかると予想していた。しかもカラスウリと違って，キュウリは一年中容易に入手できる。

カラスウリやレタスの芯と同じように，キュウリの果実の表皮は，ごく簡単に剥げると思っていた。しかし，いざ子どもたちと試すと，実に難しい。

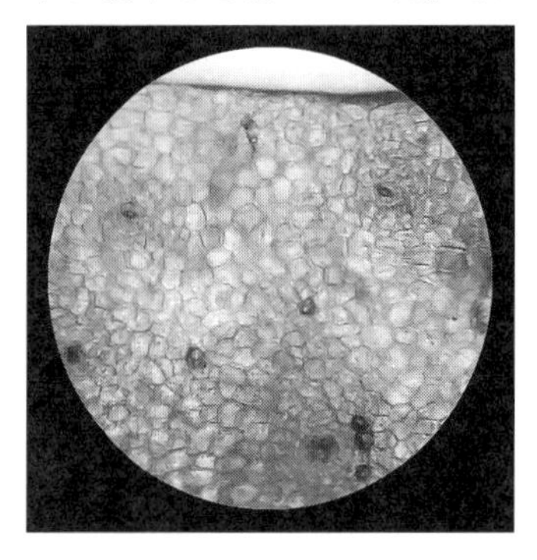

何度挑戦しても，薄皮が剥げるどころか，光が透けるほどまでに薄くすることすら難しい。私はキュウリを甘く見ていた。「剥ぐ」というよりも，カッターの先端の平坦な部分で「梳く」という感じに薄くしていくとうまくいくこともわかった。

やっとの思いで，薄く剥がれた表皮片を顕微鏡で見ると，どうやら気孔らしきものが見えた。薄くすればするほど，気孔ははっきり確認できた。キュウリの果皮にも，確かに気孔は存在したのだ。

子どものノートから（＊筆者註）

教科書にはツユクサの気孔のことがのってて（＊載っていて），実さいにやったら，簡単に気孔が見えた。レタスは少しむずかしかったけど，まちがいなく気孔があることがわかった。キュウリはうすくするのがムリで，ぼくの研究所は失敗した。よく食べている野菜にも気孔があるなんて，すごく以外（＊意外）だった。

教師自身の振り返り

小学校の理科で子どもたちは様々な体験をし，学びを得る。一番大切なことは，子どもたちの「探究心」を満足させ，「知りたい！」「観てみたい！」「実験で確かめたい！」という気持ちをできる限り実現させてあげることだ。教師に求められる技量は，そのような「探究への意欲」と「新しい問い」を，単元の中に常に持続させることだ。そのために必要なのは「教材研究」にほかならない。実はそのヒントも，子どもたちの発言やノートの中に豊富に存在すると思う。

ここが大事

ここでは四つの植物の気孔を観察している。一つの事実から「他のものはどうか？」という問いをもつことは，知の汎用性を広げていくような取り組みである。そのとき，他の植物にも気孔があるなら，形は同じ？違う？大きさや色は？と考えをめぐらせながら，「共通性・多様性」の見方を働かせていくのである。

初出：「教材研究一直線（第 33～35 回）」『理科の教育』2020 年 6～8 月号

22「ノープリウス」を探せ！

ケンミジンコ

1 ライオン池のプランクトン

本校の校庭の隅には，小さな人工の池（ビオトープ）がある。ライオンの顔のある壁泉があるので，子どもたちは「ライオン池」と呼んでいる。

人工的な池の環境だが，ヒシ（菱）などの水生植物が植えられ，中には様々な小さな生き物が住んでいる。公園の池のように，完璧に管理されていないところがよい。プランクトンも植物性，動物性とも非常に豊富で，教科書に載っている種類の多くを見つけることができる。左の写真は，ライオン池産の「クンショウモ」の仲間である。

実験室で水を配れば簡単だが，私は子どもたち自身に水を採らせることにしている。動物性プランクトンは泥の中を好むものが多いので，水と一緒に底の泥も採取するように指示している。

2 プランクトンの王「ケンミジンコ」

植物プランクトンは，その姿や色の美しさが魅力である。しかし，子どもたちに人気なのは，動く動物プランクトンである。ミジンコ，カイミジンコ，ワムシ，ツリガネムシなどだ。中でも絶大な人気があるのが「ケンミジンコ」である。

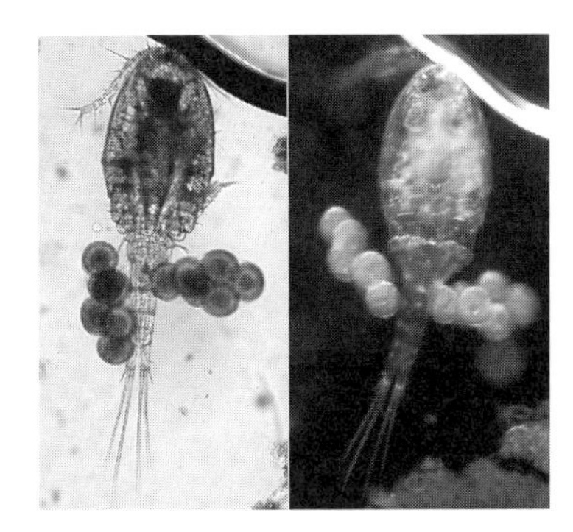

右の写真は卵をもったメスの成体で，左は「透過光」，右は「反射光」の中で撮影したものだ（×40)。この卵をもったケンミジンコを発見した子どもの一人が面白いことを言った。

「卵を付けて泳いでる。メダカと同じだ！　じゃあ，ケンミジンコの赤ちゃんもいるのかな？」

3 「ノープリウス」を探せ！

ケンミジンコは節足動物（節足動物門），甲殻類（甲殻亜門）に属する，動物性プランクトンである。つまり，エビやカニに近い仲間である。したがって，幼生（ノープリウス）は，エビの幼生とそっくりである。多くのエビ類は，脱皮して成長するが，ケンミジンコもそうである。幼生から成体になるまでに，10回以上脱皮をするという。

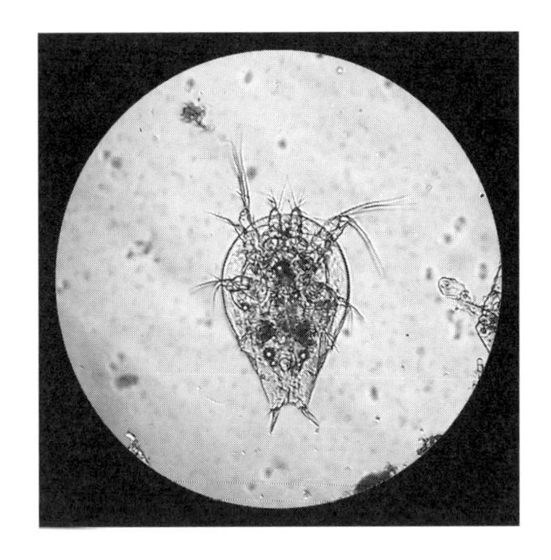

ノープリウスというのは，ケンミジンコに限らず，海水性のプランクトン（エビやカニの幼生）にも使われる用語で，私はケンミジンコの成長の特徴を説明し，「み

生命

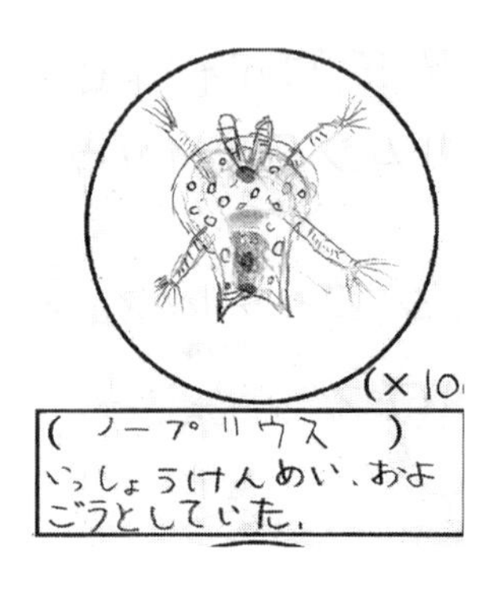

んなでノープリウスを探そう」と呼びかけた。

成体やコペポディト（5〜6回脱皮した幼生）に比べると，ノープリウスはずっと小さく，動きもずっと素早いので，なかなか見つからない。見つけても，顕微鏡視野の中央にじっとしてくれない。しかし，一人一台の顕微鏡で，クラス全体で観察すると，必ず見つかるものだ。見つかった顕微鏡の前には，もちろん大行列ができていた。赤い1個だけの目がかわいい。

4 ケンミジンコの「抜け殻」

ケンミジンコの観察後のノートにまた面白いことを書いた子どもがいた。

「ケンミジンコはエビと同じ仲間だ。ザリガニも脱皮するから，ケンミジンコも脱皮をするはず。次回のじゅ業の時，ケンミジンコのぬけがらをさがしてみたい。ケンミジンコは，体がほとんどとう明なので，ぬけがらも，きっととう明だと思う。」

なかなかよい発想である。「ぬけがらも透明」という予想も優れている。私は，あるクラスでこの問いを共有して，研究課題の一つとして取り組むように働きかけた。

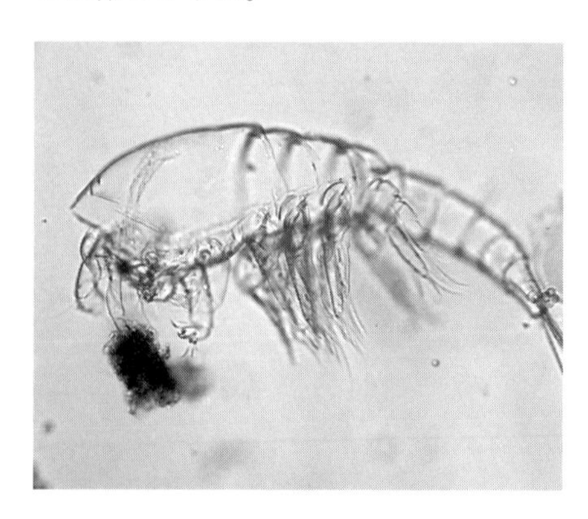

予想通り，脱皮したケンミジンコの抜け殻が次々と見つかった。面白いことに，生きているケンミジンコは，背または腹を上に向けている姿で泳いでいるのに，抜け殻は必ず横に寝ている。またもや，あっという間に顕微鏡の前は大行列。これを見た子どもたちの感想が興味深かった。

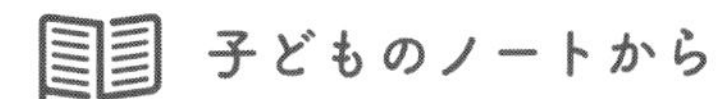

子どものノートから

・何これ？　エビじゃん，エビ。完全にエビ。

・すげー，こんなに細かい毛っぽいところまで，脱皮ってするわけ？

・○○君の予想どおり，透明だ。

教師自身の振り返り

ケンミジンコはメダカにとっては「食物」である。しかしその「食べられる側」にも，卵→幼生→成体→産卵という生命のサイクルがある。子どもたちは顕微鏡に食いつきながら，一生懸命にその生命のサイクルを探し，学んでいたように思う。ケンミジンコをきちんと飼育して，繁殖させておけば，優れた生物教材になりそうだ。

ここが大事

子どもたちは，ケンミジンコの抜け殻がエビとそっくりであることに気付く。その気付きにたどり着いたのは，ケンミジンコに付いた卵を発見したからである。そこから，ケンミジンコの赤ちゃん，そして成長に伴う脱皮へと，子どもたちは様々に想像を膨らませながら，飽くなき探究を続けてきた。これこそ，既習事項や生活経験を根拠にした明確な予想である。これまで生物を飼育してきた経験やエビやザリガニなどを観察してきた経験を基に，子どもたちの予想が成り立っている。やはり，直接体験やじっくりと事物と向き合う探究が大切であることがわかる。

初出：「教材研究一直線（第 12 回）」『理科の教育』2018 年 8 月号

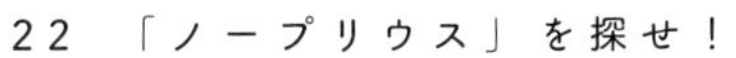

23　子どもの歯が抜けたら

抜けた乳歯

1「先生，歯が抜けました！」

私が子どものとき，上顎の歯が抜けたら縁の下に，下顎の歯が抜けたら屋根に投げると祖母に教わった。そうすると，丈夫な大人の歯（永久歯）が生えてくるというので，全部の歯を投げたものだ。だから，乳歯は手元に残らなかった。もちろん科学的な根拠はなく，昔からの言い伝え，一種の「おまじない」のようなものである。

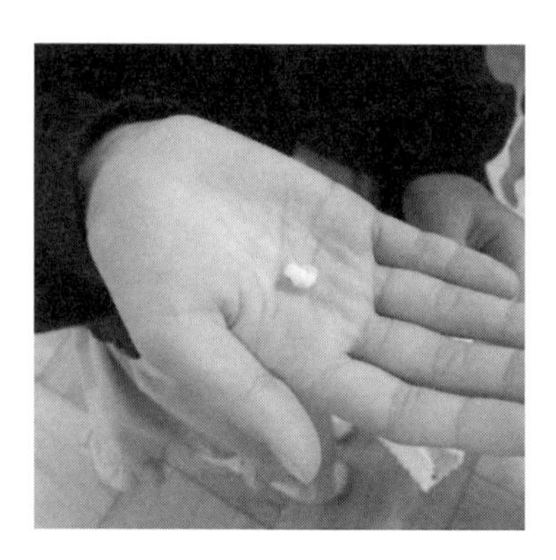

授業をしていても，突然「先生，歯が抜けました！」という声が上がることがある。1年生や2年生は前歯（切歯），上の学年になるにつれて，奥歯（臼歯）が抜けることが多くなる。わざわざ理科準備室まで見せに来る子もいる。いずれも抜けたのは，子どもの歯（乳歯）なので，特に心配はない。

子どもたちが，抜けた歯をどうするか見ていると，意外にも大切そうに筆箱やポケットにしまっている。家に持ち帰るつもりだろうが，そのままでは汚れてしまう。最悪の場合，掃除の時間に床に歯が落ちていることもある。私は，少しは理科の教師らしいことをしてやろうと思い，歯が抜けたという申し出があった場合には，ちょっとした工夫をしている。

2 「抜けた乳歯カード」（改良型）

抜けた乳歯を持ってきた子どもには，専用のカードの歯の位置に○をつけて，乳歯の名称を記入し，抜けた歯と一緒に袋に入れてあげるのだ。これはおおむね好評だったが，問題点もあった。初期のカードの絵は「歯列」のみで，自分の歯との関係が，よく理解できない子どもが多かったのだ。歯科医（観察者）から見ると，右側の歯は左側になるので，図では左右が逆転している。これもわかりにくくしている原因だ。そこで，私は「抜けた乳歯カード」の改良型を作ることにした。

改良型カードでは，大きく口を開けた子どもの顔に，乳歯列を入れたイラストにしてみた。男の子にも女の子にも見えるような顔にしてある。これなら，自分のどの歯が抜けたのか，ずっとイメージしやすいだろう。

生命

ちょうど乳歯が抜けそうになっている子どもが，口をあけて，その歯を指さしながら「へんへー，こぉ歯ウラウラ。もうふぐ，うけそう（訳：先生，この歯グラグラ。もうすぐ，抜けそう）」と言いに来た。さっそくその子に改良型カードを見せたら，「ワー，いいな，いいな，はやく抜けないかな～！」と喜んでいた。ところが乳歯というのは，抜けそうでなかなか抜けない。ずいぶんイライラしていたが，どうやら給食中にやっと抜けたようで，喜んで持ってきた。抜けたのは「右下顎第１乳臼歯」という，奥歯の乳歯だった。

3 常にカードを持ち歩く

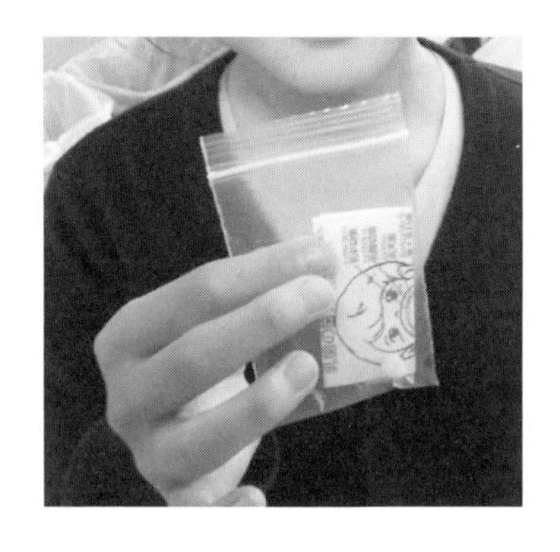

「抜けた乳歯カード」をリニューアルしてから，急に「患者さん」が多くなった。時々，うわさを聞きつけた１年生や２年生もやってくる。私は，いつ誰から「乳歯相談」があってもいいように，このカード，ポリ袋それにボールペンを常に持ち歩いている。ポケットでは忘れることがあるので，ID カードのケースに２枚入れてある。抜けた歯の位置と形状を確認して，位置に○を付け，日時や名前，年齢を記入してあげるのだ。最後に抜けた乳歯とカードを，チャック付きのポリ袋に入れて「完成」。もちろん市販の「乳歯ケース」にはかなわないが，ティッシュペーパーに丸めて，ポケットに入れて持ち帰るよりは，ずっとマシだろう。翌日この子どもは「お父さんが，わかりやすいって，びっくりしてた！」と話しに来てくれた。実は，この子どもの父親は，歯科医師であった。

子どもの言葉から（2年生女児）

きのうは，はをふくろにいれて，カードもくれて，ありがとうございました。わたしは，はにぜんぶなまえがあるなんて，知りませんでした。前ばとおくばしか，しりませんでした。でも，きのうぬけたはは，右上がくにゅうそく切しっていう，長いなまえとわかって，びっくりしました。おかあさんに見せたら，「よかったわね，大せつにしようね。」と言っていました。また，つぎのはがぬけたら，なまえをおしえてください。

教師自身の振り返り

人の体について学ぶ単元は，4～6年それぞれにある。しかし，いずれも観察や実験がなかなかできず，実感をもたせるのが難しい。そんな中，この試験的な取り組みには，少し手ごたえを感じた。学校歯科医の先生にも，この「抜けた乳歯カード」について話したところ，「なかなかよい取り組みだと思う。私の発想と似ている」と肯定的に評価してくださった。

子どもたちも，少し前まで自分の体の一部だった「乳歯」というものに，意外なほど興味をもってくれたようだ。こうしたちょっとした工夫で，抜けた歯も子どもにとっては宝物になるのだろう。

ここが大事

第4学年と第6学年に人の体についての学習はあるが，自分の歯について学ぶ場面はない。しかし，このような学習を通して，歯の形とその役割について考える経験は，「構造と機能」について学ぶ上で大きな意味がある。奥歯はすりつぶすのに適した形をしているし，前歯は何かを噛み切るのに適した形をしている。例えばお肉を食べるときには前の方で最初に噛み切ってから，奥歯でよく噛むのだということに気付き，すぐに自分の生活と結び付けることができるだろう。

初出：「教材研究一直線（第18回）」『理科の教育』2019年2月号

24 バード・コールを手作りしよう

カラマツの輪切り

1 林間学校の雨プログラム

学校での校外学習（遠足や社会科見学）では，雨の場合の予定「雨プログラム」が重要である。特に林間学校（移動教室）は，天候による延期や中止はできないので，雨の場合の活動をどうしても考えておく必要がある。

普通は，博物館見学や地元の人にお願いする体験活動（例えばわらじ作り，蒔絵制作など）が多いだろう。私はこの「林間雨プロ」もなんとか林間学校らしい活動を自前で実施したいと考えた。そこで考えたのが，「天然木の手作りバード・コール」である。

「バード・コール」というのは，木の穴に金属部品をねじ込んで，その摩擦によって，「キュッキュッ」という甲高い音を出す道具だ。登山用品店などで入手可能で，私も一つ持っている。実際に野外の森で音を出すと，ある種の野鳥はすぐに反応を示してくれるので面白い。

2 カラマツの輪切りを特注

市販のバード・コールは2000円近くするものが多い。林間学校や野外施設の体験プログラムでも見かけることもあるが，指導料も含めて一人千円近くの費用がかかる。私は北軽井沢の木工名人に頼んで，カラマツの輪切りを児童人数分入手した。

バード・コールに使う木は，堅く乾燥したものがよい。他にも，クリ，シラカバ，ミズナラなどでも試作品を作ってみたが，カラマツが一番よい音が出た。また，普通は枝状の木（直径2～3cm，長さ5～6cm程度）ものを使うが，机上に飾れるように，輪切り状ものを使うことにした。

自分で選んだカラマツの輪切り（直径5～7cm，厚さ2～3cm程度）を手にした子どもは，まず年輪を観察する。事前に年輪のことを教えておいたのだ。年輪は同心円状だが，必ずしも中心から均等な幅ではないこと（日当たりや南北の差），年輪1本はほぼ1年間の木の成長の履歴であることを学んだ。ある子どもが選んだ輪切りは21本の年輪があった。「何これ？　ぼくよりもずっと前に生まれた木じゃん！」と驚いていた。

生命

3 木に孔（あな）をあける

次に，孔をあける場所を決める。孔は，できるだけ年輪が密な部分（木が最も堅い部分）がよい。そのほうがよい音が出るのだ。ドリルで孔をあける目標として，鉛筆で×印をつけておくとよい。

手作りバード・コールで，最も重要なのが，「孔の直径と，ねじ込むボルトの直径」の関係だ。何度も試作品を作るうちに，この関係は，樹木の種類，乾燥度，それにその日の天気（湿度）によって変化することがわかってきた。

よく乾燥したカラマツの輪切りの場合，「直径6.0mm，長さ20mmのボルト」を，「直径5.5mmか5.0mmの孔」にねじ込むとよい。ボルト径よりも，孔径のほうがわずかに小さいことが重要だ。

ドリルはできるだけトルクの強いものを使用し，木工用ドリル刃の直径5.5mmのものを使う。しかし，直径5.5mmのものはなかなか入手できないので，その場合直径5.0mmのものでもよい。

4 「蝶ボルト」をねじこんで音を出す

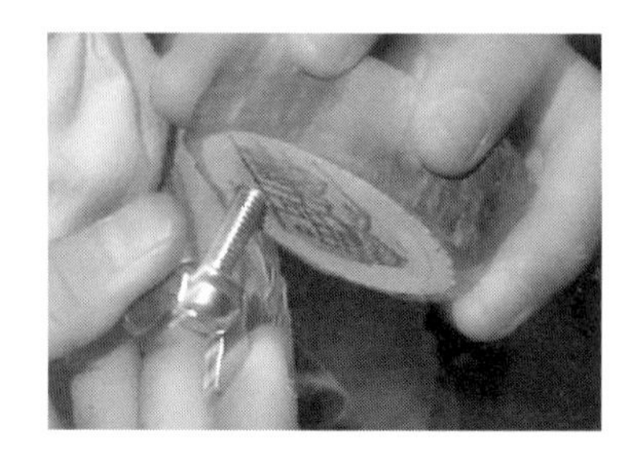

バード・コールは，木と金属が擦れ合うときに発する「軋み音」を楽しむ道具だ。木にあけた孔に，何か金属をねじ込む必要がある。市販のものの中で，安価で入手が容易なものが，「蝶ボルト」である。ボルトのネジ径は6.0mm，孔は5.5mmが最適なので，最初はなかなか入っていかない。しかし，一旦ネジ孔が切れてくると，あとは面白いように入っていく。とりあえず，一番奥までねじ込むが，最後は非常にきつくなるので，ハンカチなどで蝶ボルトをはさんで回すとよい。

最初，音はほとんど出ない。「ねじ込む」「緩める」を何度も繰り返すうちに，突然「キュ」と音が出て，歓声が上がる。特に「ボルトが抜ける寸前」あたりが，一番小鳥に近い音が出るようだ。

5 首下げ可能にする

バード・コールは野外で使用するものなので，音が出るようになったら，首にぶら下げる工夫をする。今度は輪切りの側面に，キリで孔をあける。この作業も，子どもにとってはなかなか難しい。そこに「丸ヒートン」という金具をねじ込む。でき上がったバード・コールは軽いので，直径8mm程度の小さなヒートンで十分である。紐もいろいろ試したが，安価できれいで比較的肌触りがよいものが，「PP細紐」という商品だ。いわゆる「スズランテープ」を細くよったものだ。

「なんか金メダルみたいで，カッコイイな！」

「金メダルじゃないよ，木メダルだよ」

どの子も満足そうで，その様子がうれしかった。

このバード・コールは，思いのほかいろいろな野鳥の声を真似できる。奥にさすほど高い音，抜けるぎりぎりだと低い音が出る。ボルト（金具）のほうを持って，木のほうを回すと，本物の小鳥の声に聞こえる。

子どものノートから

・バードコールというのを，初めて作りました。から松にあなをあけてもらって，そのけずった木ももらいました。袋に入れてにおいをかいだら，森のにおいがしました。

・私は，林間学校の売店で，自分のおみやげにキーホルダーを買いました。でもこのバードコールのほうが，ずっとかちがあるような気がします。とてもうれしいです。

教師自身の振り返り

「教材研究」は，理科の授業だけでなく，学校でのすべての活動で有効だ。今回は林間学校の雨プログラムのための教材だった。手作りバード・コールは，作る作業が面白いだけでなく，その後自然の中でも役立つ。材料費も一人分が 150 円程度で済み，林間学校費用も節約できる。今後もこうした教材も研究していきたい。

ここが大事

バードコールを様々な場所で試していると，場所や時間による鳥の鳴き声の違い，反応する鳥の数の違いなどが明らかになってくる。ここには「時間的・空間的」な見方が働くだろう。夏の朝にしか聞こえてこない鳴き声もあれば，少しだけ時間を変えながら同じ鳴き声が一年中聞かれることもある。

初出：「教材研究一直線（第 24 回）」『理科の教育』2019 年 8 月号

25　2024年まで使える月の形早見盤

月の形早見盤

1 太陽暦と一致しない「月の形」

月の形（月相）は，太陽暦とは一致しないので，毎月変わる。9月25日の月の形と10月25日の月の形は微妙に違う。さらに一か月後はもっと違う。また，月の形は一年で一周するわけでもないので，2019年9月25日の月の形と，2020年9月25日の月の形もまた違う。ある日の月の形を知るには，月齢カレンダーのようなものが必要で，毎月，毎年更新しなければいけない。4年生や6年生と月の学習をするたびに，この状況を何とかならないものかと思っていた。要は，「星座早見盤」のようなものを作れないかということだ。

2 「月の形早見盤」の制作

自作の教材「月の形早見盤」は，小学生の子どもたちに，月の形の変化について興味をもってもらいたいという思いで開発したものである。心がけたことは以下の4点だ。

①1枚の画用紙の中に，型紙を印刷可能なこと。
②4年生の子どもでも，自分が持っている道具だけで，短時間で作れること。
③仕組み（構造）が簡単で，作り方も使い方も容易に理解できること。
④4～5年先まで使えること。

こうした条件のものが一応完成したので，さっそく4年の授業で作らせることにした。組み立て方は簡単で，1～12月の月と，日付が書かれた本

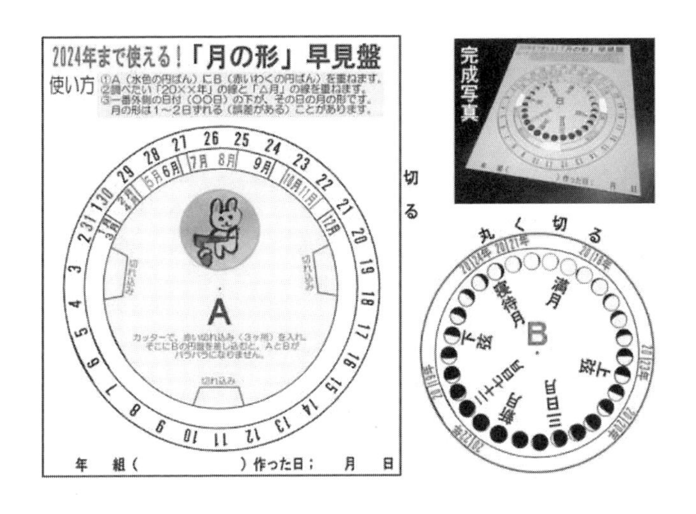

体（Aの台紙）と，年と月の形が描かれた回転盤（B）を切り取って組み合わせるだけだ。ハトメや割りピンを使わなくても作れるよう台紙に3ヶ所の切れ込みがあり，そこをカッターで切っておけば，円盤が回る状態で固定できる。子どもでも20分程度で完成できた。

誰が作ってもだいたい同じものができるのだが，やはりでき上がるとうれしいのだろう。完成すると「先生できました！」と見せに来る。私も「ああ，完璧にできましたね！」とほめる。この一瞬のやりとりが，「ものづくり」では大切だ。

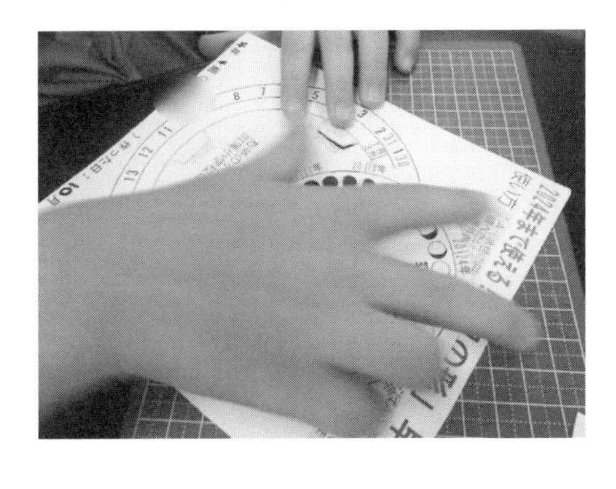

3 「月の形早見盤」のいろいろな使い方

使い方も簡単だ。円盤Bの「20××年」の目盛りと，台紙Aの「○月」の目盛りを重ねるだけだ。例えば，下の例では，「2019年9月」に合わせて

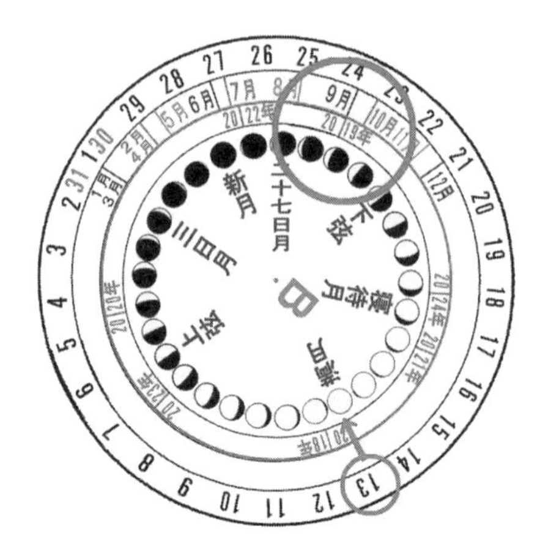

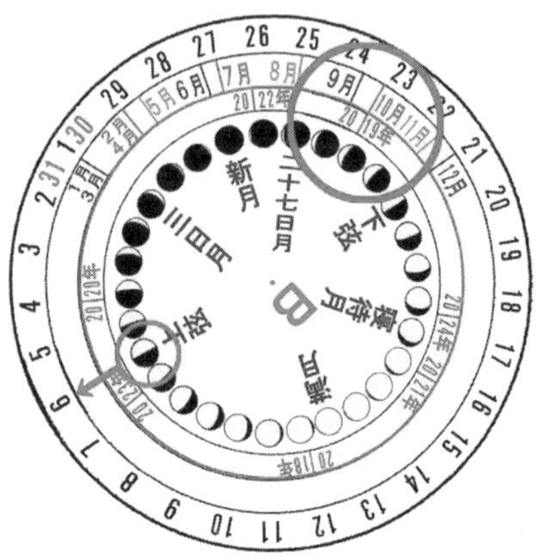

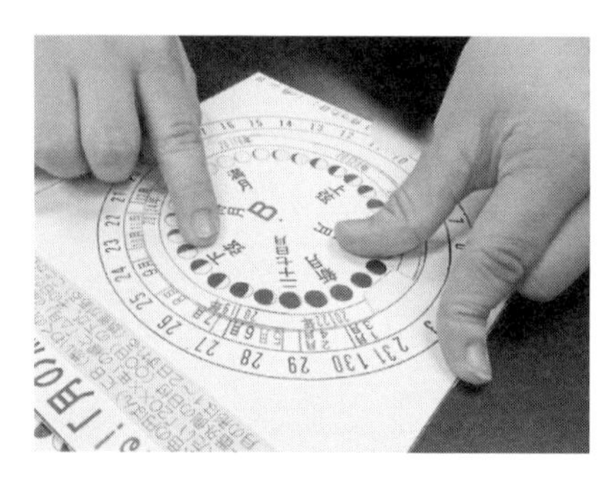

ある。その状態で一番外側の日付の内側（B）にある図形が，その日の月の形を表す。

例えば上の例では，2019 年 9 月 13 日は，およそ満月だとわかる。日付と月の形をたどっていくと，月の形の変化もわかるのが面白い。

逆に，上の例のように，「2019 年 10 月の半月（上弦）は，6 日に見える」という使い方もできる。

この早見盤は 2024 年まで使える。子どもたちは，何年も先の自分の誕生日の月の形を調べていた。教材研究には少々時間がかかったが，子どもたちは「月の形」について興味をもってくれたようだ。

子どものノートから

・ぼくは星座早見ばんを持っています。でも月の形はわかりませんでした。星座早見ばんと，この月の形早見ばんを持っていれば，すべてバッチリです。

・円ばんをゆっくり回していくと，月の形が，新月→三日月→半月（上げん）→満月って変わるのがよくわかって，おもしろかった。

・私が中学３年になった時のたん生日は，満月でした。とてもうれしかったです。

教師自身の振り返り

月の公転角速度は一定ではないので，「月齢」（新月の瞬間からの実日数）と，「月相」（ある時点での実際の月の形）は厳密には一致しない。したがって，描かれている月の形は「およその形」である。しかし，いろいろな日付で試した結果，誤差は最大でも「１月相」程度だった。子どもたちが月の観察に使うには，十分な精度だと思う。

教材研究は，教師の「教えたい，理解させたい」という思い（探究力）から生まれる営みだ。その営みが，教師自身の探究力をさらに高めるのだろう。

ここが大事

ものづくりの喜びと月の満ち欠けの知識が同時に体得できる優れた教材であるが，何よりもこの早見表通りに月の形が変わるのか見てみたい！という意欲をかきたてることができるのが魅力である。自分で作った通りになるか確かめた後は，どうしてこんなに先のことまでわかるのか？という疑問が湧いてくるだろう。時計みたいに決まっているのか，ずれることはないのか…子どもたちの思考は深まっていくだろう。子どもたちのつぶやきを拾いあげて称賛し，さらに深まるような声掛けをしたい。

ここで紹介した「月の形早見盤」の型紙は，以下のページからダウンロードできます。画用紙等に印刷して，授業でご活用ください。

http://www.kitakaruizawa.net/moon.jpg

初出：「教材研究一直線（第 26 回）」『理科の教育』2019 年 11 月号

地球

26 梅雨の晴れ間は「雲のデパート」

雲

1 単元の重要な鍵は「雲の観察」

5年の地学単元の一つに「天気の変化」がある。4月～5月にかけては，移動性高気圧や南岸の低気圧が定期的に現れ，日本列島では天気の変化を観察するには都合がよい時期と言える。私は単元のはじめに，実際の空や雲を観察させることにしている。この単元で一番大切なことは，雲そのものの観察と考えているからだ。雲の観察は，よく晴れた快晴の日よりも，やや大気の状態が悪い日の方が，様々な雲が現れて都合がよい。

2 「十種雲型」を探す

4月のある日，朝は快晴だったが，次第に雲が現れ，授業のある4校時には様々な雲が観察できた。子どもたちには，「十種雲型」を描いたプリントを渡し，校舎の屋上で「雲探し」の活動をした。「十種雲型」とは，巻雲・巻積雲・巻層雲・高積雲・高層雲・乱層雲・層積雲・積雲・積乱雲・層雲の基本雲型のことである。それぞれの雲型に「放射状雲」「波状雲」「幕状」などの「派生雲」があり，細かく分けると百種類以上になる。

「積雲」はすぐに見つかった。「わた雲」

「つみ雲」として親しまれている雲で，子どもがスケッチするのもたいていはこの雲だ。積雲は大気圏下層から中層にまで分布し，圏界面にまで達して，「雄大積雲」や「積乱雲」にまで発達することもある。

層積雲も簡単に見つかった。積雲との区別が難しいが，「うね雲」の異名の通り，細長い雲がうね状に連なるのが特徴だ。代表的なものに「晴層積雲」と「雨層積雲」があり，この日のものは降雨を伴わない「晴層積雲」だ。大気下部の下層雲に属する。

上層雲の「巻積雲」も多数見られた。「うろこ雲」とも呼ばれる。上層大気が不安定な証拠で，悪天の兆しとなる。実際にこの翌日，東京は一日中雨になった。

3 梅雨の晴れ間は「雲のデパート」

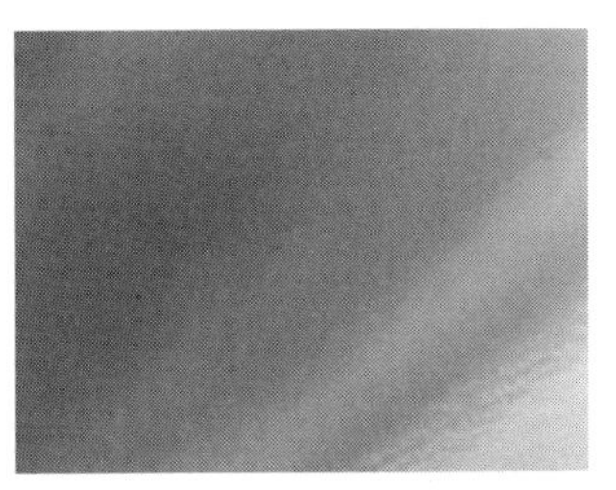

5年生の子どもたちと，屋上で雲の観察をした日は，様々な種類の雲が観察できた。片積雲のような低層雲から，巻雲や巻積雲のような高層の氷晶雲まで，まるで「雲のデパート」のようだった。

これは「放射状巻層雲」と呼ばれる雲である。上層の巻層雲が列になって連なっているもので，観察者から見て放射状に見えるのである。この日は巻層雲と巻積雲が混在していたので，正確には「変化放射状巻層雲」とでも呼ぶべきだろう。

地球

子どもたちは，「十種雲型」のプリントを頼りに，研究所（班）ごとに雲を探していた。この日は6種類の雲型（派生雲も数えるとその倍ぐらい）が見られたが，一番よく見つけだした班は，5種類の雲型を同定できた。観察を続けるうちに，子どもたちは不思議な現象に気付いた。

4 珍しい「大気光学現象」を見逃さない

この日は，太陽に巻積雲（うろこ雲）がかかっていた。その太陽の下の雲に色がついて，小さな虹のようなものが見えたのだ。これは明らかに巻積雲の氷晶と太陽光がつくりだした「大気光学現象」の一種だ。普通の虹は，太陽を背にしないと見えないので，虹ではない。

太陽の実体よりも下にでき，わずかに円弧を描いていることから判定して，「環水平アーク」か，「下部ラテラルアーク」のいずれかである。しかし両者は，対太陽位置も肉眼的特徴も非常によく似ていて，判別がつかなかった。子どもたちには，「雲そのものに色がついているのではなく，太陽の光と雲の氷の粒がつくる現象」と説明しておいた。

子どものノートから

・雲なんて，わた雲と雨雲と入道雲ぐらいしか知りませんでした。でも十種類も雲があって，こまかくわけると，百種類以上もあると知って，びっくりしました。もっといろいろな雲を記録してみたいです。

・プリントに書いてあった十種雲型のうち，今日は５種類も見つけられた。特にけんせき雲がつくった，かん天頂アークは，にじみたいですごくきれいだった。雲に感動したのは，はじめてだった。残りの５種類も発見したい。

教師自身の振り返り

子どもは，観察対象の名前（名称）を知りたがる。昆虫でも植物でも鉱物でもそれは言える。雲にもそれぞれ独自の名称があることを知り，それを判別できるようになると，子どもたちは急に気象現象に対して探究心をもつようになる。

しかし，雲を正しく見分けることは難しい。まずは教師自身が雲についてしっかり勉強して，一発で名称を言えるようにする「訓練」が必要だろう。

ここが大事

雲を見て天気を予報するという活動は，多くの学校で実践されているだろう。雲の動き，大きさ，厚さ，色などに視点を当てて雲を観察する営みは目的をもった活動となる。しかし，雲をじっくりと観察する活動自体にも大きな価値がある。十種雲型の図を見ながら雲を探すことで，雲の高さによる違いや動きの違いなどに目が向き，比較することもできる。手が届かず，指し示すことの難しいものを，共通の名前で呼び合うことでわかり合えるという感覚も，子どもには楽しい経験となるだろう。

初出：「教材研究一直線（第 32 回）」『理科の教育』2020 年 5 月号

27 立体的に台風を捉える

台風の模型

1 子どもが夢中になる「台風の模型」

夏から秋にかけて，毎年のように日本列島に台風が接近する。近年の台風は，被害が増大する傾向にあり，日本の「台風教育」はさらに重要になっていると言える。ほとんどの実践では，台風通過時の雲画像や天気図の変化を基に，台風の経路や大きさの変化を調べるというものだろう。これらの活動は「平面的」で，今一つ実感が伴わない。

私は「台風の模型作り」をさせている。台紙に地図を貼り，その上に脱脂綿で雲を表現する。この活動は，「雲画像（衛星画像）をよく観察する」「台風の発達・移動・衰退の様子を実感する」「台風の構造を立体的に捉える」「関わり合って台風のことを学ぶ」といったねらいがあり，子どもたちも非常に意欲的に取り組む課題の一つである。

2 地図が非常に重要

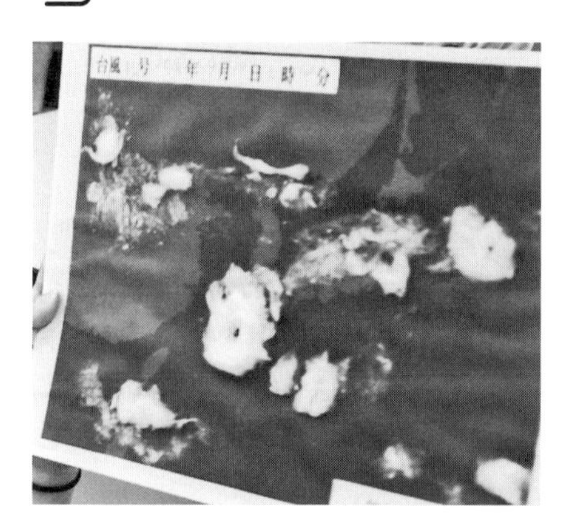

台風の学習で大切なことは，台風本体の風雨だけでなく，発生してから衰退するまでのコース，それに台風がまだ列島から遠い場所にあるときにも，台風から延びた雨雲（主として乱層雲）の影響があること，これらを理解することである。

私は，何度か地図を改良し，

「気象庁の衛星画像」（日本域）の範囲と完全に一致したものを作成した。これは簡単なようで難しかったが，非常に効果的だった。

3 様々な台風資料を参考にする

まずは「衛星画像をよく観察する」ことを主眼に取り組ませた。この種の活動は，いい加減にやろうと思えば，いくらでも手を抜くことができる。ろくに資料も見ずに，適当に終わらせることがないように，「早く仕上げることよりも，いかに衛星画像に近付けるか」が大切であると話しておいた。

この活動をした時期に，ちょうど大型の台風が接近し，典型的な秋の台風径路をたどりそうだとわかった。その時点で，接近している台風の資料をできるだけたくさん集めておくように指示をしておいた。子どもたちは，新聞記事や雲画像，天気図などを持ち寄り，それを参考にした。

4 最初は失敗，関わって成功！

制作過程は非常に単純だ。地図を台紙（板目紙または工作用紙）に貼り，「雲のあるところに綿を貼る」「雲の厚いところには，綿も厚く貼る」これだけである。特に台風の周辺は，雲（主として積乱雲）が密集しているので，厚く盛り上げる必要がある。のりは「スティックのり」，脱脂綿は「カット綿」が最適だ。

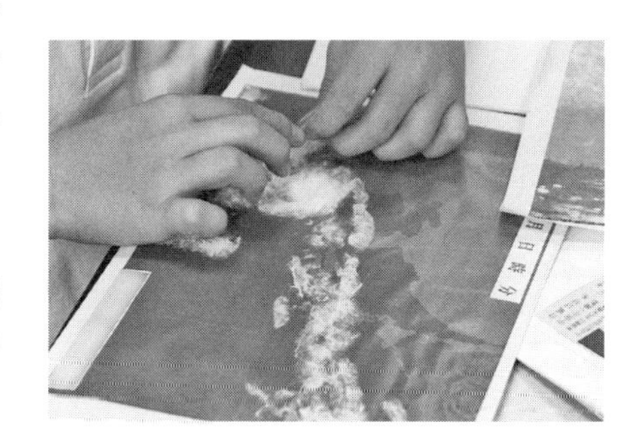

「主題」の台風の雲から作り始める子どももいれば，最初に練習を兼ねて周辺の雲を作り，慣れて

から台風を作る子どももいた。ものすごい集中力で，黙々と作業する子どもが多かったのが印象的だった。目の表現には特に時間をかけていた。

実は，台風本体の雲よりも，台風から延びる秋雨前線の雲や，中国大陸のジェット気流の薄い雲の表現のほうが難しい。これは，脱脂綿をあえて「裂ける方向と直角に」引きちぎって，その時毛羽立った綿を使うとうまくいく。

最初はうまくいかず，イライラしながら作業する子どもも多かったが，周囲と関わり合いながら，「あーだこーだ」言いながら作業するうちに，少しずつコツをつかみ，成功する者が多かった。

5 「台風博覧会」で互いの台風を観察

でき上がった作品を互いに見合う「台風博覧会」を開催した。実際の台風は，地球の球面にへばりついている。少しでもその実感を得るために，台紙を山なりにそらして，「宇宙からの視線」で見させるとよい。こうすると，台風の立体感や，水平線から近付いてくる様子が実感できる。

台風の変化で大切なことは，形状，位置，雲の量やつながり方である。今回は各研究所（班）に，同じ台風の日ごとの変化を担当させ，完成した4枚の作品を並べて観察させてみた。これは効果的で，台風の変化を実感できたようだ。

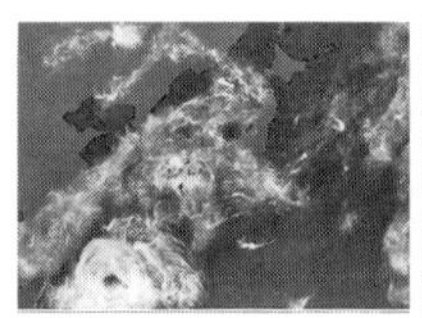
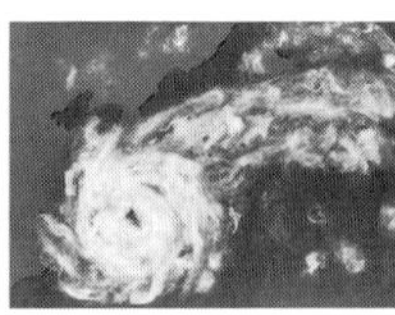

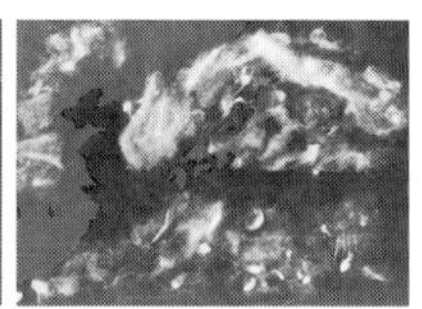

子どものノートから

・台風のもけいづくりは，とても楽しかった。最初は，わたをつけるのがむずかしかったけど，だんだんなれてきた。

・2研（2班）のを，4枚ならべてみた。台風の動きや，雲のあつさの変化がよくわかる。

・とても簡単なので，家でもやってみたいです。冬型の気圧配置のも作ってみたい。

教師自身の振り返り

「天気の変化」の学習の指導は難しい。実際の天気や気温の観察だけでは，列島全体の気象の変化を実感しにくいからだ。それを補うために，雲画像や天気図などの様々な資料を使うが，それだけに終わらせず，それらを基に「自分で台風を作ってみる」（気象現象に関わる）というところに価値があったように思う。子どものノートにもあるように，「季節ごとの雲の様子」を模型にして比較する活動も，いずれ実践してみたい。

ここが大事

平面に印刷された情報を基に立体にする。よく見ると，気象衛星の雲画像は，ただ単に白っぽいだけではなく，筋が見えたり，流れた跡のように見えたりする。どのくらいの綿をどのように貼るかを考えるとき，雲の厚さも観察することになるだろう。また，その動きを連続写真ではなく連続ジオラマとして見る際に，「時間的・空間的」な見方で雲の動きを捉えようとするだろう。また，雲の模型を作ることで，自分たちが見上げた空が，日本全体で言うとどこにあたるものか，今度は「部分と全体」の見方を働かせることも考えられる。

初出：「教材研究一直線（第3回）」『理科の教育』2017年11月号

28 トイレットペーパーで台風を作ろう

台風モデル

1 台風の構造を立体的に表現する

「脱脂綿を使った台風の模型」は，台風の構造を立体的に捉える意味で，面白い活動だったと思う。しかし，完成した台風の模型には「動き」はない。そこで，台風と同じように動くモデルを作って，子どもたちに見せたい（あるいは試させたい）と考えた。その際，重視したのは以下の点である。

- 雲が反時計回りに渦を巻く。
- 中心に目があり，渦がその目に向かって吸い込まれるように動く。
- 特別な材料や道具を使わず，身近なものでできる。

2 トイレットペーパーで台風を作る

そこで用意したのが，トイレットペーパーと実験用の透明丸水槽である。これならどこの学校の理科室にもあるし，洗面器で代用すれば家でも行える。私は，子どもたちに試させる前にいくつかの方法を試してみた。

まずトイレットペーパーを適量とって水に入れる。水かさは3分の1程度だ。すぐに水中で分解し，ばらばらに崩れてゆく。しかし「水に溶ける」わけではない。紙の繊維は，水中に残存し，分散しているだけで

ある。

よくかき混ぜて，紙の繊維をバラバラにし，全体にいきわたるようにする。2分もすれば，「おかゆ」のように，ドロドロの状態になる。

ここで，手のひらを反時計回りに回し，渦を作る。速く回転させると中心に繊維の少ない「目」のような構造が出現する。しかし，手の回転を止めると，渦もすぐに停止し，あまり台風らしくない。これでは成功とは言えないが，ここであきらめてはいけない。ここからが「教師の探究」である。

3 バケツの中に立体的な台風を作る

実験用水槽での実験は，あまりうまくいかなかった。この実験の「可変要素」としては,「容器の深さ」「水の量」「トイレットペーパーの量（雲の量)」「回転させる速さ」「回転させる場所（中心からどのへんか)」「回転させる媒体（手か道具か)」などがあげられる。色々試した結果，普通のよく見かける青いバケツが一番よさそうだという結論に達した。バケツは深く，水の量も自在に調整可能だ。また，容器に色が付いているので，白いトイレットペーパーがよく目立つ。理科室のバケツは，目盛りがついているので，水の量の調整も容易だった。

バケツの底から10cmほど水を入れて，その中にトイレットペーパーを一

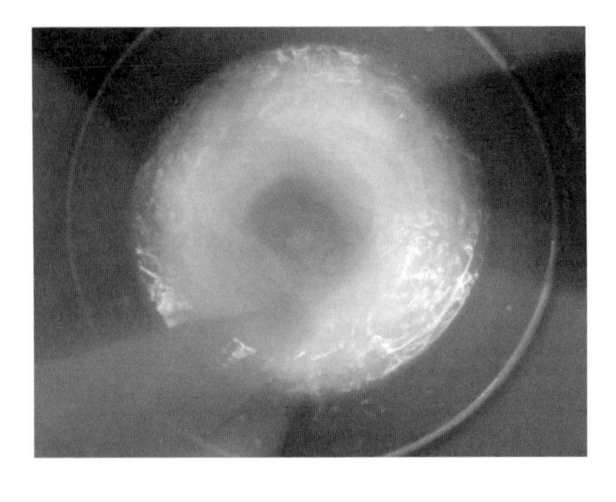

塊投入する。最初は渦を作るのではなく，繊維がバラバラに崩れるように，縦横によくかき混ぜる。2〜3分かき混ぜると，繊維は完全にバラバラになる。

前回の実験では，手で容器全体に渦を作った。今回は，木のへら（長い柄のしゃもじのような道具）で，できるだけバケツの中心に近いところに渦を作るように回転させてみた。すると，それほど速い回転でなくても，すぐに「渦」と「目」が形成された。

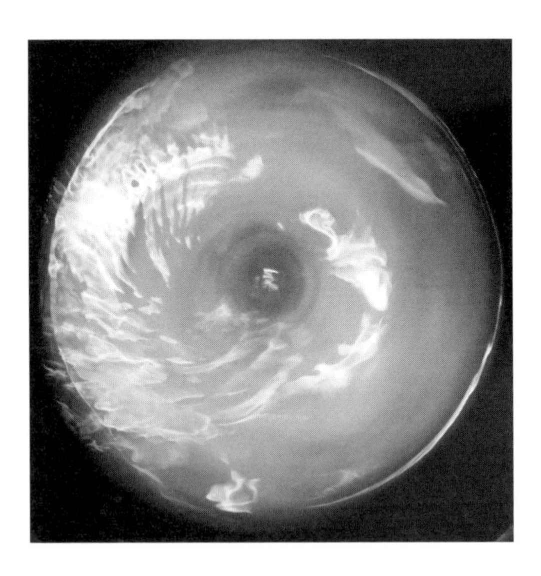

右写真が，木のへらで回転させるのを止めた直後の様子である。「台風の目」がよく形成され，中心部がバケツ底面に向かって落ち込んでいる。しかも目の周辺の水面が盛り上がって，実際の台風の雲に近い様相を呈している。さらに，水流（波）の模様も，中心部に向かってできる，台風の「雲の腕」とよく似ている。

さっそく翌日，子どもたちに試させてみた。子どもたちは，非常に身近な素材でリアルな台風ができることに驚き，夢中になっていた。

子どものノートから（＊筆者註）

・ひまわり（＊衛星）の台風の画像とそっくりな台風が，バケツの中にできて，おどろいた。中心には目があって，リアル台風だった。

・バケツ台風のうずの中に，赤い画用紙を細かく切ったのを入れてみました。目の近くの紙が，まわりよりも速く回っていました。

・……家で，洗面器でやってみました。おもしろかった。トイレに流せるので，片付けがとても楽でした。（絵日記から）

教師自身の振り返り

理科の教材研究の極意は，できるだけ身近な（生活の中にある）道具や素材を使い，学習に使えるように価値を見いだす「教師の探究」だと思う。今回は，バケツ，トイレットペーパー，木のへら，水というごくありふれた道具や材料で，台風の立体感や，渦流と構造の関係を少し実感させることができたように思う。

ここが大事

水に入れたトイレットペーパーをかき回すと，台風の目のようなものができる。水を入れた容器ごとゆっくりと動かし，台風ってこうやって回りながら進んでいるんだねと実感する。透明の容器（丸型水槽）に入れると横からもトイレットペーパー台風を見ることができる。気象衛星の画像などで上から見ることが多い台風も，横から見ると渦が高くなっていくのがわかるため，「時間的・空間的」な見方を働かせていこうとする姿につながるだろう。

初出：「教材研究一直線（第 13 回）」『理科の教育』2018 年 9 月号

29 真夏の雹（ひょう）観察

雹

1 夏に氷が降ってくる現象「雹」

雹は，真夏に発生する非常に優勢な積乱雲の真下にだけ降る。外気温は25℃以上あるのが普通で，雹は積もっても，あっという間に溶融して流れてしまう。つまり雹の観察は，積乱雲の真下で降雹直後にしかできない。

ある夏の日の夕方，降雹に遭遇した。自動車道は車が雹をつぶしてしまう。しかも雹は水よりも軽いので，降った雨に流されやすい。急いで観察する必要がある。雹は，草の上や歩道に積もりやすいようだ。この雹の結晶をさらによく観察してみて，大変面白い事実に気付いた。

2 積乱雲の中で成長する雹の粒

雹粒（雹の結晶）は，優勢な積乱雲の中で形成される。「優勢な積乱雲」は，地表付近と上空の温度差が大きく，雲を発達させるのに十分な水蒸気量と，激しいサーマル（上昇気流に伴う熱気泡）があるときに発生する。いわゆる「大気の状態が不安定」という状況である。積乱雲の中は，激しい上昇気流と乱気流で，大型の航空機でも制御不能に陥ることがある。たとえ内部に入れても，雹が成長する様子を見ることは不可能であろう。私は，雹粒の成長過程を作図してみることにした。

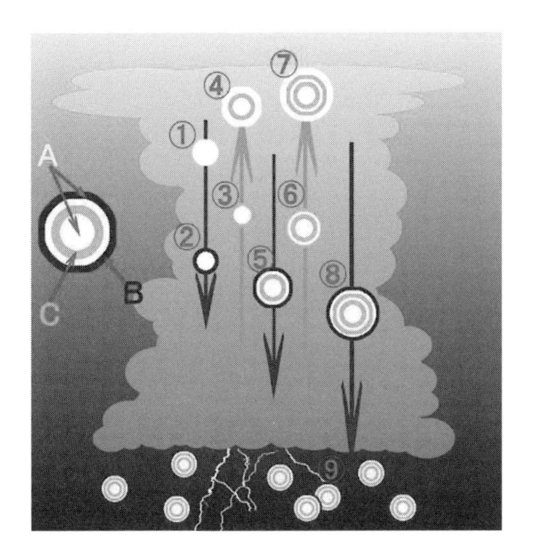

A：小さな氷晶が集まってできた，気泡を含む不透明な氷。
B：下降中に凍った表面が融けた状態（液体の水）。
C：一旦液体になった水が再び凍った，透明な氷。
①積乱雲上部で小さな氷晶が集まって氷の粒ができる。
②重力で落下し，表面だけが融けて液体になる。
③上昇気流で持ち上げられ，液体になった水が凍り，透明な氷の被膜をつくる。
④その外側に，再び小さな氷晶が付いて成長する。⑤～⑦それを繰り返す。
⑧大きく成長して落下。
⑨降雹と落雷。

⑧で落下するのは，雹が大きく成長して重量が増し，上昇気流の力に勝った場合である。優勢な積乱雲の中心部では，激しい降雨や降雹が周囲の空気を引きずり下ろし，強い下降気流が発生する。突然の冷たい突風に見舞われ，気温も一気に10℃以上急降下することがある。多くの場合，こうした積乱雲は夏に発生する。ほとんどのケースでは，地上付近の気温が高く，降ってくる途中ですべて融けてしまい，大粒の雨として降ることが多い。しかし，雹粒が大きく成長したときや，地上付近の気温が低い場合に，融けき

らずに氷のまま降ってくるのだ。

このように，雹は積乱雲内で上昇と下降を繰り返して成長する。積乱雲が大きく優勢で，上昇気流が激しいほど，大きな雹になる。雹ができるメカニズムを考えると，こうした大きな雹粒の断面には，同心円状の構造が見られるはずである。私は降雹時に，雹粒の構造を観察してみた。

3 雹の粒に見られる同心円構造

「雹の観察」は難しい。実際に現地で雹を採取しても意味がない。よほど運搬の手段を工夫しないと，すぐに融けてしまうからである。私は降雹直後の雹粒（結晶）の写真を，できるだけ高解像度で撮影しておいた。背中に雹や雨が当たる中で，必死で地面を撮影する姿は，きっと滑稽に見えたに違いない。

これがその一枚である。中央に写っているモミの葉は長さが約 2cm ある。

一番大きな粒は直径が 3cm 以上あるだろう。写真でも，現地での肉眼での観察でも，明らかに同心円状の構造が見てとれた。

その中で，中心付近に，円形ではなく六角形の構造が見えるものがあることに気付いた。中心部の不透明な氷は円形とは言えず，明らかに六角形をしている。これは非常に寒い日に降る，雪の結晶（六角板状結晶）によく似ている。

雹の粒が成長を始めるには，核になるものが必要である。通常それは大気上層部（積乱雲中）に存在する微粒子であることが多い。そこに水蒸気が昇華して，結晶が成長する。水の分子構造は，固相に転移するときに，六角形の構造になるという特徴がある。雪の結晶が六角形を基本にした形なのも，これが理由である。

雹の場合，最初に中心部の核になる六角形の氷ができる。それを基に，積乱雲内で上昇・下降（氷結・融解）を繰り返すうちに，外縁部が次第になめらかになり，最終的には球に近い形になるのかもしれない。

子どもの絵日記から（＊筆者註）

7月18日／今日の夕方，ひょうがふりました。空に黒い雲でおおわれて，夜みたいに真っ暗になって，大つぶの雨がふってきました。そのあと，大きなひょうがふってきました。バラバラバラと，屋根にものすごい音がしました。わたしはひょうにはじめて会った（＊遭った）ので，すごくこわかったです。ベランダのサンダルの上に落ちたひょうを，冷とう庫に入れて，あとで観察しました。大きさは2センチぐらいで，コンペイトウみたいにゴツゴツした形でした。……

教師自身の振り返り

学校の授業で雹を観察できるチャンスはなかなかない。夏休みなどに「雷雨に遭ったら，安全に注意して雹を観察してみましょう」と投げかけ，こうした雹の観察ポイントを話しておくとよい。「雪は天から来た手紙」と同じように，「雹は積乱雲から届いた贈り物」と言えるだろう。

地球

ここが大事

夏，突然降ってくる氷の塊。こんなに暑いのにどうして氷が落ちてくるのだろう。その理由を簡単には理解できなくても，雹を割った断面と普通の氷を比較すれば，何層にもなる雹の構造に気が付く。雲の中を上下しながらできることを知れば，「時間的・空間的」な見方を働かせながら，分厚い雲の中の世界を推察するチャンスとなるだろう。

初出：「教材研究一直線（第23回）」『理科の教育』2019年7月号

30　三日月を作る

月の模型

1　4年でも6年でも扱いたい「三日月」

小学校の理科では，2回「月」を扱う単元がある。4年では「月の形と位置が変化すること」，6年では「太陽と月の位置関係」が重要な点だ。

4年では，日々の月の形の変化を観察する。満月からスタートして，「十六夜」「立待月」「居待月」「寝待月」……と観察させてもよいが，だんだん月の出時刻が遅くなって難しくなる。その点，新月から数日後の「三日月」は夕方の西の空にあり，「四日月」「五日月」……「半月（上弦）」と変化する。三日月は夕方から夜8時ぐらいまで，その後午後の観察時間が少しずつ長くなる。何よりも，夕暮れの西の空にぽっかりと浮かぶ三日月は美しく，4年「月観察」の入門には誠に都合がよい。実は，三日月は6年でも活躍する。

2　太陽・月・観察者の関係の捉え

月の形の見かけ上の変化は，地球上の太陽・月・観察者の位置関係で決まる。地球から見て，月に真横から太陽光が当たっていれば半月，正面から当たっていれば満月である。理屈ではわかっているのだが，実際に実験で確かめるまでは確信がもてないものだ。特に，明け方に見える二十七日月や夕方

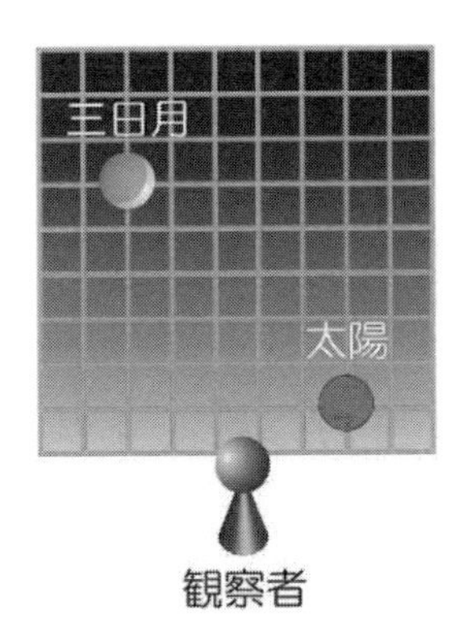

に見える三日月のような細い月の形は，どのような光の当たり方をすればあのような形に見えるのか，ことばや図示では理解できない。

太陽・月・観察者の位置関係を，平面的（二次元的）に考えてしまうと，月の右半分に太陽の光が当たっていないと納得がいかない。つまり，見えているのは「半月」でなければおかしい。しかし，観測事実は「三日月型」である。実は，位置関係の平面的な捉えが，誤解を生んでいるのだ。

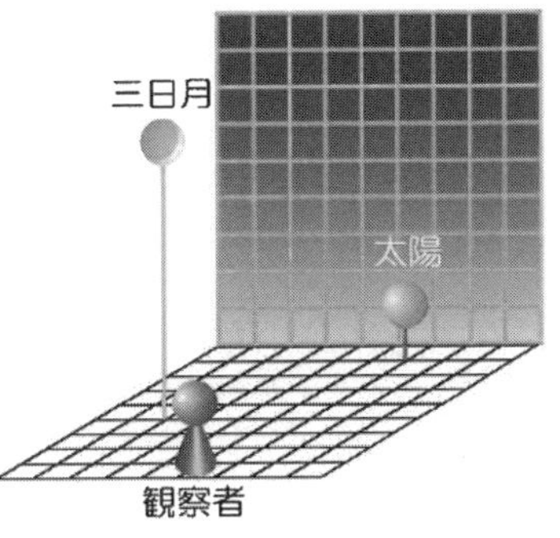

三日月の日は，太陽・月・観察者の位置関係は，実はこのようになっている。太陽の光は，三日月の真横からではなく，斜め後ろから当たっている。観察者から見ると，月（球体）の右下一部分だけが光って見る。太陽は月の約400倍も遠くにあるが，直径も月の約400倍ある。したがって，地球からは月とほぼ同じ大きさに見えるので，天球上では「同一球面上にある」と錯覚してしまうのだ。しかし，小学校6年生の子どもに，この「平面的な捉え」を「立体的な捉え」にシフトさせるよう促すことは，説明や図示だけでは容易ではない。

3 太陽光で三日月をつくる

三日月の形が，なぜあのように見えるのかは，球体に光を当てる実験をすれば理解できる。その方法は教科書にも載っている。実験室を暗幕で暗くして中心に光源を置き，バレーボール等の球体をかざして，いろいろな方向から見る，という方法だ。私もずっとこのやり方で，「理解させたつもりになって」いた。しかし，拡散光を使ったこの方法に，私は疑問をもっていた。そこで太陽光を使って，以下のような方法を試してみた。

- 自分を「地球」(目が観察者)，発泡スチロール球を「月」，太陽を「太陽」と仮定する。
- そのために，グループで１個ではなく，一人１個の実験道具を使う。
- その三者がどのような位置関係にあるときに，三日月の形に光が当たるかを確かめる。
- 実験条件として，太陽の高度は変えられないので，三日月の向きは無視し，形だけを作る。

私は授業で実験する前に，朝の理科室前の廊下で，いろいろな月の形を作ってみた。太陽光はほぼ平行で拡散しないので，太陽・球・自分の位置関係を変えると，ほぼすべての月の形状を再現できることがわかった。写真は半月（上弦）を再現したところ。かなりリアルにできた。

自信がついたので，さっそくその日のうちに６年生の子どもたちと屋上に出て，「三日月作り」に挑んだ。

この日は薄曇りだったが，時折雲間から太陽が現れ，子どもたちは，太陽・球・自分の位置をいろいろ試しながら，三日月の形状になる関係を探していた。写真が「完成した三日月」である。向きこそ実物とは違っているが，三日月の形状はよく再現している。

子どもの言葉から（＊筆者註）

「あ！　三日月できた，できた，できた！」

「先生，三日月！　見て，見て，写真撮って！」

「うわぉー！　三日月の形だ。ホントにできた，うわぉーー＄％◎＝＃＊＋￥！！！」

「あ！　そうか！　わかった！」

「真横じゃダメだよ。こうに（＊こうやって），斜め後ろから太陽（＊日光）当てるんだよ」

「新月寸前にすると……，って言うか，新月（＊太陽と球体を重ねた状態）から少しずらすと，三日月の形になる」

教師自身の振り返り

教科書に掲載されている実験方法は，よく考えられ，安全にも配慮したものが多い。しかし，その方法をそのまま使うのではなく，教師自身がちょっとした探究をすることが大切だ。それが教材研究という営みなのだろう。この実験も，「教師の探究」が「子どもの実感」につながったように思う。

地球

ここが大事

月自体は球体だが，太陽が作る光と影によって地上から見えるような形になる。太陽と月との位置関係が変化すれば，見え方が変わる。手元の発泡スチロール球で何度も何度も納得がいくまで動かしてつかんだものは，深い理解につながっていく。スケールを自在に変化させるような「微視的・巨視的」な見方，モデルに置き換えて考えるといった思考が働くような場面である。形の変化を味わった後は，方角との関係を結び付けながら，１か月という単位で変化していくことに気付かせることもできるだろう。

初出：「教材研究一直線（第16回）」『理科の教育』2018年12月号

31 エアコンフィルターに学ぶ

エアコンフィルター

1 エアコンのフィルター掃除

本校の実験観察室（理科室）には，2台の大型エアコンがある。冬の寒い時期や，夏の蒸し暑い時期には，能率的に授業を進められるので，大変助かっている。ある日，エアコンのフィルターの掃除をしていて，その「ほこり」の教材化を思いついた。このときはちょうど中休みで，3時間目に理科の授業を控えた5年生の子どもたちが何人も寄ってきて，興味津々に覗き込んできた。

「先生，何してるんですか？　何か面白そう！」

「エアコンの掃除？　あ，フィルターだ，これ」

「わー，スッゴ！　ほこりだらけだ！」

これがフィルターの裏面である。数か月分の空気中の塵を集めたのだから，大変な「積もりよう」である。

フィルターは塵を効率よく集められるように，凹凸や波型になっている。全体的には白っぽい色をしている。このほこりの「正体」は何だろうか？　奇しくも，見ていた子どもたちからも，同じ問いが発せられた。

2 5年生の単元との関連性

しかし，そのときは「ものの溶け方」の単元の学習中であった。「エアコンフィルターのほこり」と「ものの溶け方」は，一見関連性はないように見える。しかし私は，もう少し考えてみた。液体と気体の違いこそあれ，「透明なものに溶け込んでいるもの」をろ過する，という点では似ている。エアコンフィルターは，「ものの溶け方」の実験で言えば「ろ紙」に相当する。つまり，空気中の「見えない浮遊物」を濾(こ)して，集める役割を果たしていると言えるのだ。

また一方で，5年生の理科で扱う価値を考えると，花粉の学習に大いに関連がある。花粉は，屋外だけでなく，室内にもたくさん入り込む。エアコンメーカーによっては，花粉の確実な除去を「売り」にしているところもある。花粉は見つかるに違いないと思った。

3 圧倒的に多い「鉱物の結晶」

観察方法は簡単で，セロテープでフィルターのほこりを採取し，スライドグラスに貼るだけである。大切なことは，セロテープに指紋がつかないようにすること。指紋には夾雑物(きょうざつ)が多く，観察の邪魔になるからだ。また，フィルターのほこり以外のものが付着しないように，十分に注意させた。倍率は40倍か100倍で十分であるが，対物レンズが水没する危険はないので，対象によっては慎重に400倍まで使わせてみた。

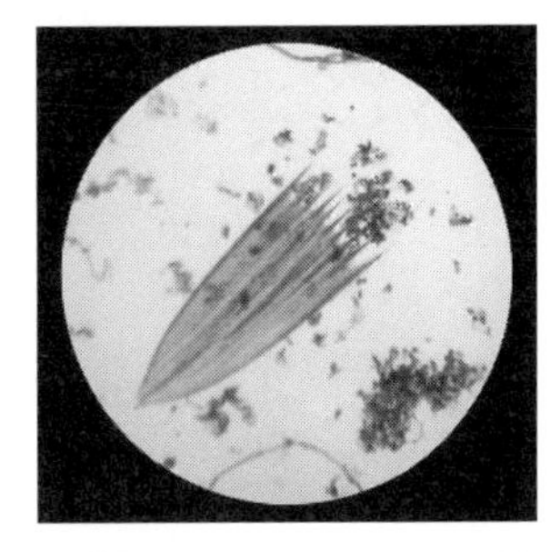

顕微鏡で見たフィルターのほこりは，雑多な物体の混合物である。繊維，植物の種子の一部（左写真），虫の体の一部なども見られる。しかし，圧倒的に多いのは，実は鉱物の結晶である。

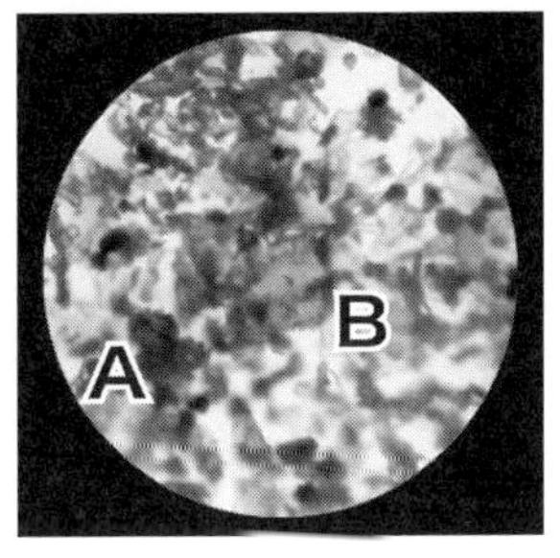

右写真のAは花粉のようなものが写っている。子どもが発見して，私がデジカメで撮影したものである。その後も花粉は続々と見つかっ

地球

た。Bは有色鉱物（輝石かカンラン石の結晶）だろう。無色透明の水晶（石英）の結晶も多数見られた。これらは，主として火山灰が由来ということになる。火山灰が巻き上げられて，再堆積してできた関東ロームと同じ鉱物が，室内の空気中にも多数浮遊しているという事実が判明した。

4 自分たちも「ほこりの元」だった！

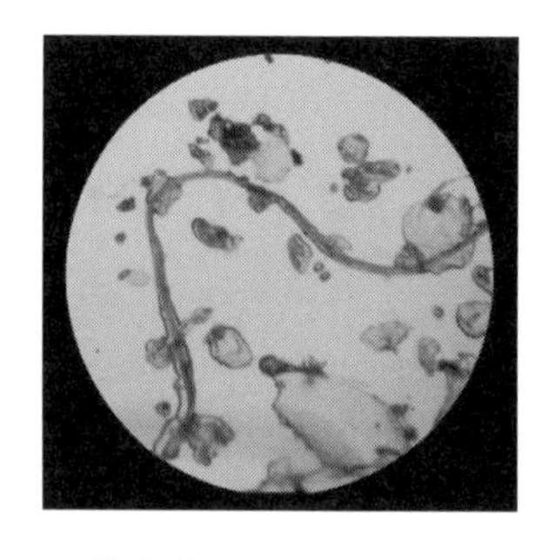

もう一つ興味深かったのが，左の写真のような青い繊維状の物体である。それも1本や2本ではなく，どの研究所（班）の顕微鏡からも続々と見つかった。繊維状の物体はほかにもたくさんあるが，圧倒的に青いものが多い。一体これは何だろうか？　私はその正体に関する予測を，子どもたちに投げかけてみた。

教室内に多く，青い繊維状の物体……子どもたちはすぐに，自分たちが身に着けている服を疑った。「疑う」ということは，理科では大切である。

この場合の「疑う」というのは，「結果や考察に疑義をはさむ」という意味ではなく，「これが正体かもしれない」と予測（推理）するという意味だ。子どもたちが着ている服は，冬用標準服（制服）やトレーナーなど，青（紺色）が多い。

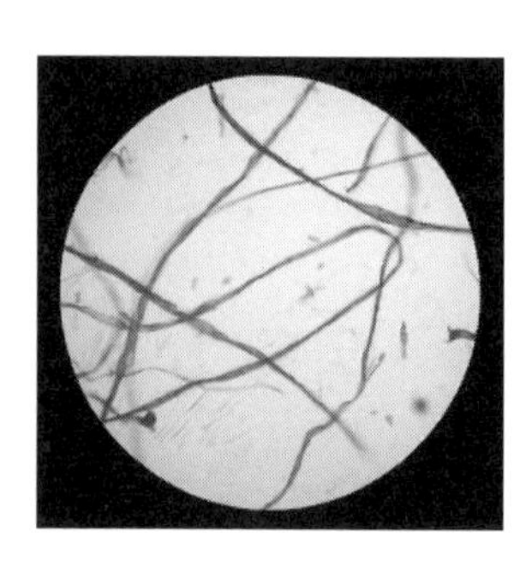

さっそく，男児がよく着ているトレーナーにテープを当てて，「サンプル」を採取してみた。左がその顕微鏡像である。まさしくこれが「正体」であった。子どもの予測と観察事実が一致した一瞬と言える。さらに驚いたのは，子どもたちが着ていたトレーナーや制服の繊維からも，花粉や鉱物の結晶が多数見つかったことである。興奮と歓声に包まれた活動だった。

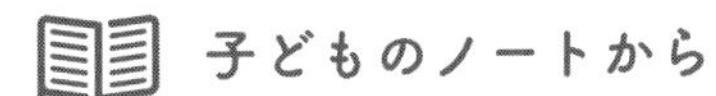

子どものノートから

・私は，エアコンのほこりに入っていたこう物や花粉は，まどから入ってきたのだとばかり思っていました。でも，服のせんいからもたくさん見つかったので，花粉やこう物を教室に持ち込んでいるのは，私たちなのかもしれないと思いました。

・エアコンが集めたほこりの中に，種子を発見した。これも，誰かの服についていたものが，飛びちって，まざったのだと思う。要するに，部屋の空気は人間がよごしていることになる。

教師自身の振り返り

エアコンフィルターのほこりは，普通は「厄介者扱い」される。しかし，5年生に観察させてみて，学習材としてかなり有望なことがわかった。床のゴミ（ほこり）も同じように雑多なものの混合物である。エアコンフィルターのほこりに価値があるのは，「空気中を浮遊していたものだけ」を集めたという点だろう。投げかけ方次第では，6年の環境関連の学習でも使えそうだ。

地球

ここが大事

目では捉えられないような，小さなものに目を向ける。フィルターから粉（ほこり）を取って顕微鏡で見てみると，多様なものが見つかる。それぞれに，なぜここにあるのかという因果関係を考えることは，「関係付け」の考え方を働かせる場面になる。また，「質的・実体的」な見方を働かせると，空気中にあったときには見えなかったものが，フィルターに集まると，目で捉えられるようになることが実感できるだろう。

初出：「教材研究一直線（第17回）」『理科の教育』2019年1月号

32 世界一安い化石のレプリカ

化石のレプリカ

1 化石を使った地質年代模型の構想

6年生の卒業に向けて，昨年度の2月から理科では特別な活動を実施した。「理科の卒業制作」である。厚紙の台紙に，地質年代の違う何種類かの化石を貼って，実物の地層模型を作るという活動である。

化石は古い時代の順に「①三葉虫＝古生代」「②アンモナイト＝中生代」「③サメの歯＝新生代第三紀」「④有孔虫の化石＝新世紀第四紀」を予定していた。②③④は何とか実物（本物の化石）で109人分入手できた。しかし，①だけはあまりにも高価で，品質のよいものを100個以上入手するのは困難だった。

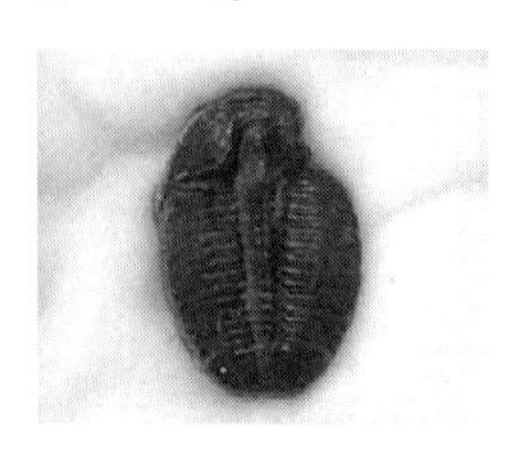

写真は，博物館の売店などで最もよく見かける三葉虫で，「エルラシア・キンギ」という種類（カンブリア紀）である。小さなものでも600円ぐらいするので，109人分そろえると，6万円以上になってしまう。

2 化石のレプリカ素材の探究

そこで考えたのが「レプリカ」である。私はもともと錫（すず）という金属を使った「化石レプリカづくり」を得意としていた。そのための「型」もたくさん自作している。すべて本物の化石を耐熱性のシリコンゴム（約10分で硬化する歯科技工用の塑型材）で型取りしたものである。

この「型」には，錫を流し込んで「鋳造」することができる。錫は金属元素の一つで，融点が約230℃と単体金属の中ではずば抜けて低い。アルマ

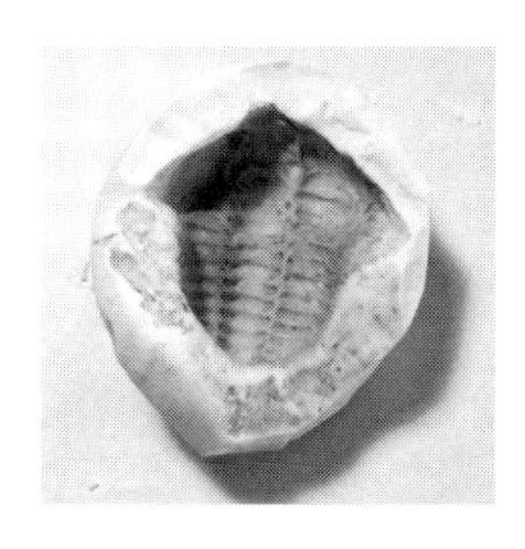

イト鍋とガスバーナーといった簡易な器具でも融解可能である。こうして錫で鋳造した化石レプリカは美しい。金属光沢もすばらしいが，重量感もあって，そのまま「ペーパーウェイト」としても使える。

錫の最大の欠点は，その価格の高さである。インゴット（塊）でも1kgで3000円，融かしやすい小さな粒（ショットと呼ばれる）では1kgで3500円もする。化石レプリカの「大量生産」には不向きと言える。

化石のレプリカ作りの素材として，すぐに思いつくのが「石膏」だろう。小学生のときに私も使った記憶がある。貝殻を油粘土で型取りし，溶いた石膏を流し込む遊びだ。石膏は緻密な模型を作れるが，固まるのに時間がかかる。大量に作るには，型そのものも大量に必要になる。

そこで試してみたのが「紙粘土」。特殊なものではなく，100円ショップで買った子どもの遊び用のものだ。

3 安価な紙粘土を使った化石レプリカ作り

紙粘土は普通「千切って」使うが，今回はこのようにまず溝を切ってみた。定規を垂直に当てて，そのまま底まで一気に切る。7〜8本の「ひも状」

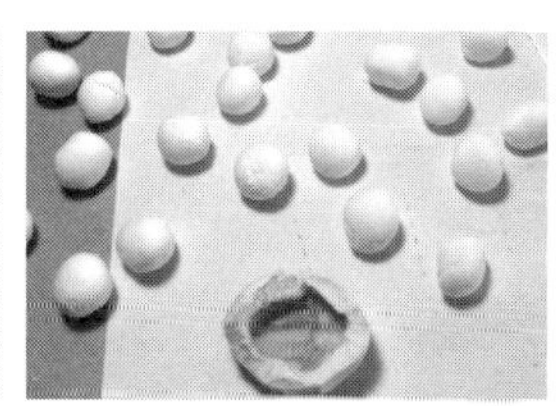

の紙粘土ができる。

さらにそれを「キューブ型」に切っておく。一辺はおよそ1.5cm程度である。このタイプの紙粘土は，意外と乾くのが速いので，作業は素早くする必要がある。

キューブの状態のままでは，型に入れない方がよい。粘り気が強く「型離れ」が悪いのだ。そこで，手の平で丸めて，外面の水分を少し飛ばしておくとよい。一袋の紙粘土から，60～70個の「原料」ができる。1個2円以下の激安レプリカ材料である。

これを「三葉虫の型」に押し込む。石膏と違って，直後に取り出すことができるのが，紙粘土の利点だ。

4 大量の紙粘土レプリカに塗装をする準備

取り出すと，もう立体的な三葉虫になっている。この後24時間ほど，しっかり乾燥させる。新聞紙でもよいが，レプリカの水分が新聞紙を溶かして，裏面に新聞記事がくっついてしまうことがある。いろいろ試したが，段ボールを敷いて乾かすのが一番よいとわかった。

当初レプリカは白いまま配付しようかとも思っていた。しかしそれではいかにも化石らしくない。そこでやはり塗装をすることにした。それに必要なのが，この「針山ボード」。プッシュ・ピンを，速乾性のボンドで厚紙に貼ったものだ。そこに，乾燥させた三葉虫レプリカを一体ずつ刺していく。白い三葉虫が70個も並ぶと，実に壮観だが，何かナウシカに出てくる「王蟲（オウム）」の集団のようにも見える。

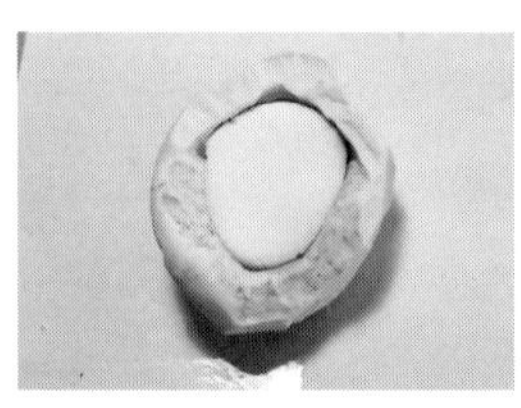

この状態で塗装をしようというわけだ。

ここまでの振り返り

教材研究というのは，「日常生活の中にある普通の素材に，教材としての価値を見いだす営み」と言えると思う。紙粘土は安価で入手も容易だ。私はこの作業を休み時間に教室の隅で行ったが，常に6年生の子どもたちに取り囲まれていた。100円ショップの紙粘土の小片が，次々と三葉虫に化けていくのが面白くて仕方ないのだ。もちろん手伝ってもらった。それは，実に楽しいひと時だった。

5 紙粘土の化石レプリカに塗装する

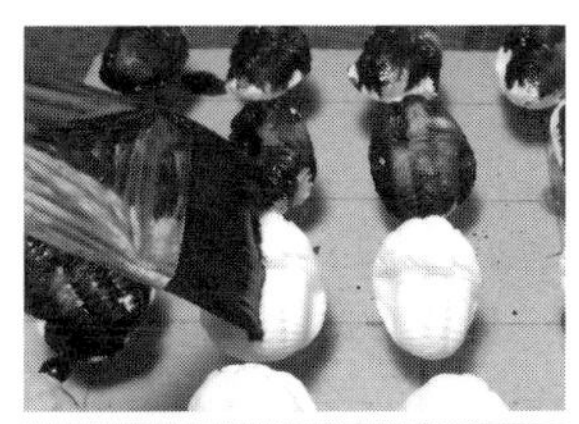

1個2円の三葉虫のレプリカが，109人分完成した。次は塗装である。これは型どり以上に難しい。もちろん「水性スプレー」を使うのが一番手軽だが，今回は「味」を出そうと思い，水彩絵の具で行った。セピア（こげ茶）の絵の具を濃くといて，太い平筆で一個一個塗っていく。台座のおかげで，揺れることなくうまく塗ることができた。

私はこの作業を，休み時間に教室で少しずつ進めていた。6年生の子どもたちは「あー，また何か作ってるー！」と，私を取り囲んで，興味津々に作業を「観察」していた。

109個の紙粘土製のレプリカを作るのは，それほど大変ではなかった。チョコレート工場の職人にでもなった気分で作業すれば，いつの間にか終わる。この作業に限らず，たいていのことは「慣れた頃に終わる」という法則がある。たぶん，「教師」という仕事そのものも「慣れた頃に終わる」のだろう。

6 「決して妥協しない」教材研究

私はさらに実物の「フレキシカリメネ」という三葉虫らしい立体感を表現しようと，二度塗りをしてみた。こうすると，凸部が濃い色になり，確かに立体感が出る。しかし「品質管理」の面から言うと，少々「出来」にバラつきがあるのが気になった。

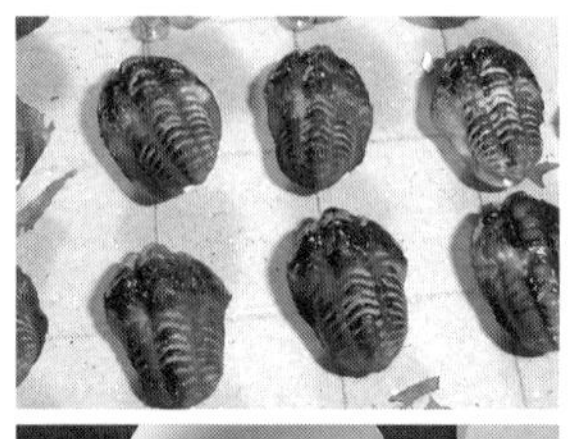

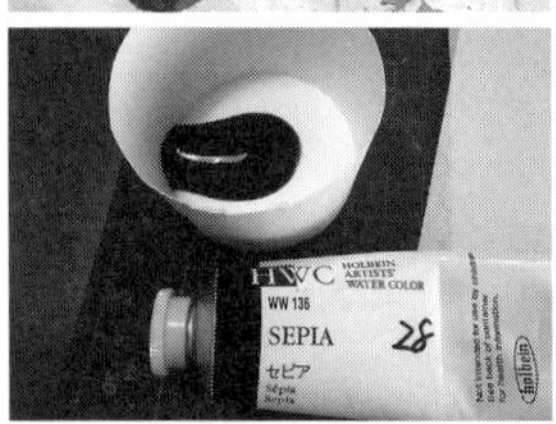

そこで，もう一つの方法を試すことにした。「塗る」のではなく「漬ける」方法だ。まずは，水彩絵の具の「セピア」(こげ茶色）を紙コップ（切断した下半分）に入れる。そこに，絵の具の量の約2倍の水を入れて，割りばしなどでよく撹拌する。溶かしたチョコレート程度の粘度がちょうどよい。

そこに，紙粘土の三葉虫を「漬ける」。紙粘土は一昼夜置いて完全に乾燥させること。その後底面に「竹串」(焼き鳥の串）を刺しておくと，作業が非常にやりやすくなる。

よく乾かした紙粘土の三葉虫レプリカを，濃く溶いたセピア（こげ茶）の水彩絵の具に漬ける。中で少し動かして，色むらがないようにする。そっと取り出して，そっと水滴を落とすとよい。

7 短時間で美しく乾燥させる工夫

浅い段ボール箱に格子を書き，そこに穴をあけておく。ここに串を刺して乾かすのに使うのだ。

このように，隣同士がくっつかないように，各レプリカを斜めにして乾かす。作業中，指に多少の絵の具が付くのは仕方がない。

教室の空いた机で乾かしておいた。だいたい30分もあれば完全に乾き，子どもたちに配ることができるようになるが，念のために一日置いた方がよい。

この「不思議なもの」に気付いた子どもたちに，さっそく休み時間に取り囲まれた。「何これ～？」「茶色のサンヨウチュウ？」「チョコレートでできた三葉虫だよ」「本物そっくりだよ」「コレ，もらえるんですか？」と大騒ぎ。なかなか好評のようでよかった。

8 化石の卒業制作

2月の授業では，この三葉虫レプリカのほか，いくつかの本物の化石を用意しておいた。「アンモナイト（中生代）」「サメの歯（第三紀）」「有孔虫（第四紀）」を，子どもたちが地層の絵を描いた厚紙ボードに貼り，完成した。右は男児の作品だが，地層の中に古生物のかわいい絵が描いてあって，楽しい。アンモナイトのラベルの右側のイカの絵は，中生代の「ベレムナイト（頭足類）」だろう。

次ページは女児の作品。地層が色分けしてあって，とても見やすい。

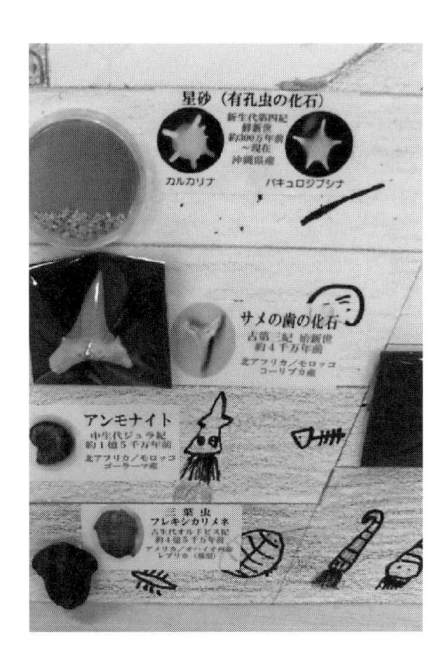

「化石タワー」という名称も面白い。「妹に見せて，説明してあげるんだ！」とうれしそうだった。

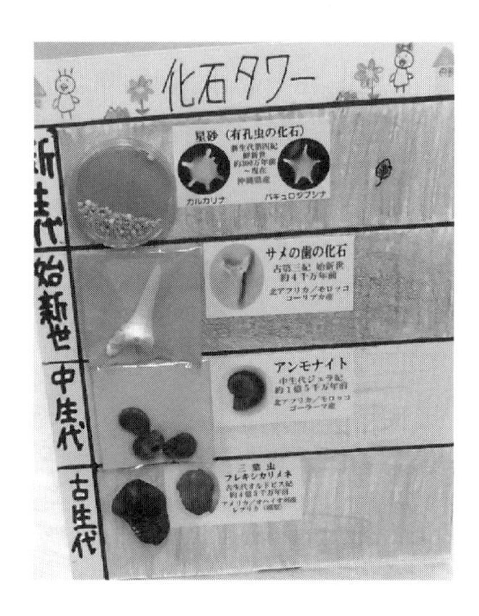

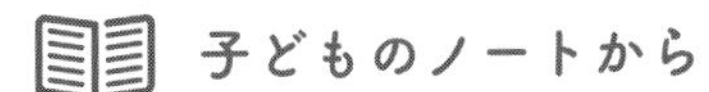

子どものノートから

・本物の化石をはった理科の卒業制作は，楽しかったです。古生代から化石をはっていって，中生代や新生代のやつを，どんどんはっていくと，何か自分で地層を作っているような気分になりました。これで理科が終わりなのはさみしいけど，最後の活動はとても良い思い出になりました。ありがとうございました！

教師自身の振り返り

卒業が近付くと，目の前にいる子どもたちにしてあげられることは日に日に少なくなり，教師は焦ってくる。この年は感染症の影響で，結局これが小学校最後の理科の活動になってしまった。でも子どもたちの満足そうな顔を見たら，一生懸命教材研究をし，準備をしてきて，本当によかったと思った。それが「教師という仕事に慣れていない教師」の感想である。

ここが大事

子どもたちは，化石を前にすると目を輝かせる。珍しい生き物を見たり，長い年月を超えたものに触れたりすると，様々な刺激を受ける。6年「土地のつくりと変化」では，時間や空間のスケールの大きさを実感するのが難しいが，子どもたちは化石から，自分たちの想像を超えたものを感じているのだと思う。示準化石や示相化石など，化石が私たちに示しているものをこの先に学んでいく子どもたちにとって，その価値を認識するための入口となるだろう。

初出：「教材研究一直線（第36・37回）」『理科の教育』2020年9・10月号

33 冬の自然に学ぶ

つらら

1 つららができる条件

「氷柱」……まさに氷の柱である。つららは非常に寒い土地にできると思われがちだが，実はちょっと違う。つららは，屋根などに積もった雪が，昼の気温上昇でとけて，それが軒下などで再び凝固するときに成長する。つまり，つららができるには昼と夜にある程度の温度差が必要なのだ。

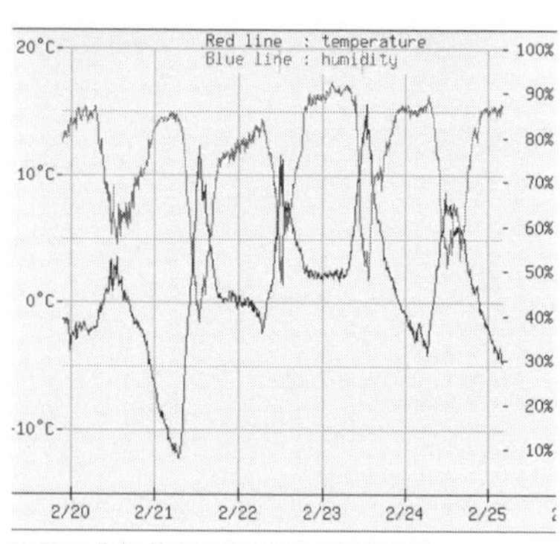

2月の北軽井沢の数日間の気温変化

北軽井沢では冬の間，巨大なつららをよく目にする。つららができる条件がそろっているのだ。「雪がよく降って屋根に積もる」「昼は気温が0℃以上になる日もあり屋根の雪がとける」「夜は氷点下10℃以下になること」などがその条件である。昼にとけた水滴が夜につららを成長させるのだ。私は2年生を担当したときに，このつららを教材化しようと試みた。

2 つららと似ている鍾乳石の断面

長さが1メートルを超える巨大なつららも，いきなりその大きさで出現するわけではない。最初はマッチ棒ぐらいの長さからスタートして，徐々に大きく成長してゆく。この成長過程は，石灰岩洞窟（鍾乳洞）にできる，鍾乳石の形成過程とよく似ている。鍾乳石を「輪切り」にすると，中心部から外側に向かって少しずつ成長していった様子が，樹木の年輪のように刻まれている。

鍾乳石の場合，溶かされた石灰岩が方解石のような鉱物として析出したもので，現象としては「再結晶」である。つららの場合，雪がとけた水（液体）が再び氷（個体）になったものなので，現象としては「再凝固」である。速度も鍾乳石よりもはるかに速く，一晩で何十cm も成長することもある。

3 つららの断面を撮影する

つららを作っている氷は，見事に透明なものが多い。液体の水が固体の氷になるときには，中に溶解していた気体が追い出される。冷蔵庫の氷は，表面から凍るので，追い出された気体（気泡）が逃げ場を失って，白い氷になってしまう。つららの場合は，中心部からゆっくり凍っていくので，気泡は追い出され，透明な氷ができるというわけだ。

昼夜の気温差が大きく，条件がよい日が続いて太く成長したつららを，落下しないうちに折ってみた。屋根の雪との境界は驚くほど細く，実に簡単に折れる。横から見た感じでは，小さな気泡が縦に並んでいるのがわかる。中心部から成長するとはいえ，やはり凝固時に溶解していた気体の一部が，行き場を失って残るのだろう。間違いなく年輪のような構造が見られるはずだ。

まずは，折ったつららを手に持って，そのまま撮影してみた。これでも年輪状の模様はわかる。気泡が追い出されて透明に

地球

なった氷と，気泡が逃げ切れずに白くなった氷が交互に存在し，同心円を形成している。おそらく一本の境界線が1日分なのだろう。同心円の中心が偏っているのは，樹木の年輪と似ている。樹木の場合は，南側の成長がよいのが普通だ。つららの場合は，方位による成長速度の差ではなく，日中に陽が当たる方位がとけてしまっているのだろう。

さらに解像度が高く，細部まで詳細に撮影するには，カメラよりもスキャナーの方が適している。拡大すると，泡の一粒まで観察できる。

4 群馬から届いた巨大なつらら

私が撮ったつららの写真や，断面の画像を見せると，子どもたちは非常に興味を示し，「大きなつらら，触ってみたい！」と騒ぎ出した。東京ではつららができることはほとんどないので，私は群馬の友人に依頼して，「採れたて」のつららを学校宛てに送ってもらった。子どもたちは，冷凍宅配便の箱を開けると歓声を上げ，かわるがわるつららを持って，冷たさや重さを実感していた。

子どものノートから（＊筆者註）

・わたしは，スキーじょうでつららを見たことがあります。でも，あんなふうに，うずうずもよう（＊渦々模様）だなんて知りませんでした。本もののつららの，おれたとこ（＊ところ）にも，少しうずうずがありました。

・ぼくは，ぐんまからとどいたばっかりの大きなつららをもってみました。おもたくてつめたくて，10びょうぐらいで，ムリでした。しぜんにこんな大きなこおりができるなんて，すごいなーと思いました。

教師自身の振り返り

教材研究の出発点は，教師自身の探究心である。その教材研究を成功させるのが，探究力である。探究力こそが「教材研究力」と言ってもよい。つららを教材化する過程で，子どもたちといくつものやりとりがあった。例えば「教室でつららをつくってみたい」という発話があった。私はこれにも挑戦したが，これは人工雪の結晶よりも難しいことがわかった。最後にたどりついたのが，本物のつららの取り寄せだ。子どもの思いをどこまで生かせるか，これも教師の仕事の一つだろう。

地球

ここが大事

届いたつららを見ながら，どのような場所でできたのか，どのような過程を経て大きくなったのかというように，1本のつららから想像を膨らませることもできるだろう。昼と夜の寒暖差という話であれば，4年「天気の様子」で学習する寒暖差の折れ線グラフとの関連を図ることもできる。天気と太陽の動き，気温の変化とを統合しながら考える必要があるだろう。5年生や6年生でも楽しめそうである。

初出：「教材研究一直線（第7回）」『理科の教育』2018年3月号

おわりに

夜8時を過ぎた頃，少し疲れを感じながらパソコンに向かっていると，一通のメールが届きました。田中千尋先生が毎日配信している「日々の理科」です。今日は2542号。タイトルは「梅雨の晴れ間の巻雲」です。いつもながら美しい写真とともに，田中先生のファインダーを通した自然や子どもたちの躍動的な姿が綴られています。

お茶の水女子大学附属小学校の研究会で授業を参観したときのこと，田中先生はアメリカセンダングサを使った授業をされていました。アメリカセンダングサはよく服に付くが，どのくらいの力で付いていられるのかということを子どもたちと共に追究するという展開でした。研究所と呼ばれるグループでは，子どもたちがおもりをぶら下げながら真剣に調べています。田中先生は，終始にこやかな表情で，探究を続ける子どもたちの鋭さに感嘆の声を上げたり，称賛したりしながら，自身も授業を楽しんでいました。その田中先生の様子を見ながら，私は初任のときに先輩に言われた言葉を思い出していました。

『準備は悲観的に，本番は楽観的に』

田中先生のにこやかな表情は，アメリカセンダングサに対する深い教材研究に裏打ちされたものでしょう。子どもたちが先生に様々な数値を伝えても「ほお！　そうなりましたか」と言って，子どもたちに任せています。ここに，教材研究の大切さがあるのです。授業が思い通りにいくとかいかないとかではなく，その教材のもつ魅力を十分に知り尽くすような教材研究。だからこそ，その魅力に迫ろうとしている子どもたちのどの姿も，寛容に認めることができるのでしょう。

本書から，それぞれの教材の面白さもさることながら，田中先生が教材とどのように向き合っているのかについても感じていただければ幸いです。

そして，私たちも教材研究という探究を思いきり楽しんでいきましょう！

末筆になりましたが，本書を形にするにあたり，東洋館出版の上野絵美様にはたくさんご尽力いただきました。本当にありがとうございました。

2021年7月　　辻　健

〔著者紹介〕

田中千尋（たなか・ちひろ）

お茶の水女子大学附属小学校　教務主任
お茶の水女子大学サイエンス・エデュケーションセンター（SEC）研究員
1964年東京都生まれ。東京学芸大学初等教育教員養成課程（理科教育専修）卒業。1986年に現在の勤務校に着任して以来，本務のほかに，大学の非常勤講師や博物館の協力委員，セミナー講師などを幅広く務める。現在は，サバティカル制度によりお茶の水女子大学大学院に在籍。
写真や水彩画に造詣が深く，コンテストの入選も多数。「水筆ペン」という筆洗不要の水彩絵筆を考案し，実用新案を取得。自然観察における水彩画の普及に長年取り組んでいる。
主な著書は，『理科・一瞬の授業――一瞬という切り口での理科授業改革』（共著，不昧堂出版，2014）『しぜんとかがくのはっけん！366』（監修，主婦の友社，2015）『理科の図鑑（子供の科学ビジュアル図鑑）』（監修，誠文堂新光社，2019）など多数。

辻　健（つじ・たけし）

筑波大学附属小学校　理科教育研究部　教諭
1973年福岡県生まれ。横浜国立大学教育学部にて学位と修士を取得。専攻は理科教育学。横浜市の小学校教諭で勤務した17年間，一貫して理科授業の研究に取り組む。特に10年間勤務した井土ヶ谷小学校では，研究主任として全国小学校理科研究協議会の全国大会，神奈川県大会の授業提案を行った。
2015年より現職。日本初等理科教育研究会役員，日本理科教育学会『理科の教育』編集委員，SSTA企画研修委員副委員長，NHK「ふしぎエンドレス」「ツクランカー」番組制作委員を務める。歌う理科教師として数々の作品を制作。代表曲に『ハマヒルガオストーリー』『ドクダミのうた』など。主な著書は『イラスト図解ですっきりわかる理科』（共著，東洋館出版社，2019）など。

理科は教材研究がすべて

2021（令和 3）年 8 月 2 日　　初版第 1 刷発行

著　　者：田中千尋・辻　健
発 行 者：錦織圭之介
発 行 所：株式会社　東洋館出版社
〒113-0021　東京都文京区本駒込 5 丁目 16 番 7 号
営業部　電話 03-3823-9206　FAX 03-3823-9208
編集部　電話 03-3823-9207　FAX 03-3823-9209
振　替　00180-7-96823
U R L　http://www.toyokan.co.jp

装画・扉絵：田中千尋
装　　丁：小倉祐介
印刷・製本：藤原印刷株式会社

ISBN 978-4-491-04369-2　　Printed in Japan